新課程対応版

高卒認定ワークブック 歴史

編集・制作：J-出版編集部

もくじ

第2章　変化する世界秩序と大衆化

第3章　一体化する世界

高卒認定試験の概要

高等学校卒業程度認定試験とは？

高等学校卒業程度認定試験（以下、「高卒認定試験」といいます）は、高等学校を卒業していないなどのために、大学や専門学校などの受験資格がない方に対して、高等学校卒業者と同等以上の学力があるかどうかを認定する試験です。合格者には大学・短大・専門学校などの受験資格が与えられるだけでなく、高等学校卒業者と同等以上の学力がある者として認定され、就職や転職、資格試験などに広く活用することができます。なお、受験資格があるのは、大学入学資格がなく、受験年度末の3月31日までに満16歳以上になる方です（現在、高等学校等に在籍している方も受験可能です）。

試験日

高卒認定試験は、例年8月と11月の年2回実施されます。第1回試験は8月初旬に、第2回試験は11月初旬に行われています。この場合、受験案内の配布開始は、第1回試験については4月頃、第2回試験については7月頃となっています。

試験科目と合格要件

高卒認定試験に合格するには、各教科の必修の科目に合格し、合格要件を満たす必要があります。合格に必要な科目数は、「理科」の科目選択のしかたによって8科目あるいは9科目となります。

教 科	試験科目	科目数	合格要件
国語	国語	1	必修
地理歴史	地理	1	必修
	歴史	1	必修
公民	公共	1	必修
数学	数学	1	必修
理科	科学と人間生活	2 または 3	以下の①、②のいずれかが必修 ①「科学と人間生活」の1科目および「基礎」を付した科目のうち1科目（合計2科目） ②「基礎」を付した科目のうち3科目（合計3科目）
	物理基礎		
	化学基礎		
	生物基礎		
	地学基礎		
外国語	英語	1	必修

※このページの内容は、令和5年度の受験案内を基に作成しています。最新の情報については、受験年度の受験案内または文部科学省のホームページを確認してください。

本書の特長と使い方

本書は、高卒認定試験合格のために必要な学習内容をまとめた参考書兼問題集です。高卒認定試験の合格ラインは、いずれの試験科目も40点程度とされています。本書では、この合格ラインを突破するために、「重要事項」「基礎問題」「レベルアップ問題」というかたちで段階的な学習方式を採用し、効率的に学習内容を身に付けられるようにつくられています。以下の３つの項目の説明を読み、また次のページの「**学習のポイント**」にも目を通したうえで学習をはじめてください。

重要事項

高卒認定試験の試験範囲および過去の試験の出題内容と出題傾向に基づいて、合格のために必要とされる学習内容を単元別に整理してまとめています。まずは、ここで基本的な内容を学習（確認・整理・理解・記憶）しましょう。その後は、「基礎問題」や「レベルアップ問題」で問題演習に取り組んだり、のちのちに過去問演習にチャレンジしたりしたあとの復習や疑問の解決に活用してください。

基礎問題

「重要事項」の内容を理解あるいは暗記できているかどうかを確認するための問題です。この「基礎問題」で問われるのは、各単元の学習内容のなかでまず押さえておきたい基本的な内容ですので、できるだけ全問正解をめざしましょう。「基礎問題」の解答は、問題ページの下部に掲載しています。「基礎問題」のなかでわからない問題や間違えてしまった問題があれば、必ず「重要事項」に戻って確認するようにしてください。

レベルアップ問題

「基礎問題」よりも難易度の高い、実戦力を養うための問題です。ここでは高卒認定試験で実際に出題された過去問、過去問を一部改題した問題、あるいは過去問の類似問題を出題しています。また、「重要事項」には載っていない知識の補充を目的とした出題も一部含まれます。「レベルアップ問題」の解答・解説については、問題の最終ページの次のページから掲載しています。

表記について 〈高認 R. 1-2 世〉＝令和元年度第２回試験の「世界史」で出題
〈高認 H. 30-1 日・改〉＝平成 30 年度第１回試験の「日本史」で出題された問題を改題

学習のポイント

「歴史」は主に18世紀以降の歴史が学習範囲となりますが、それ以前の歴史の知識があるほうが望ましいため、本書では「第０章」を設け、18世紀以前の歴史の概要を学べるようにしています。この章は、試験の出題範囲外となりますが、18世紀以降の歴史を理解するための導入として目を通したうえで、第１章から順に学習を進めていきましょう。

歴史を学習するうえでのポイント

まずは１周目として本書の最後までざっと目を通して、おおまかな歴史の流れを把握しましょう。２周目には赤字になっている部分を中心に知識を増やしていきます。併せて各単元に設けられている基礎問題が解けるかどうか確認してみてください。知識がある程度蓄えられてきたら、下記のブロック分けを参考に各歴史事項を整理しましょう。

歴史の学習ブロック

- 18世紀
- 19世紀
- 20世紀：第一次世界大戦前
- 20世紀：第一次世界大戦中
- 20世紀：第一次世界大戦と第二次世界大戦の間
- 20世紀：第二次世界大戦中
- 20世紀：第二次世界大戦後

「関連用語」「参考」「コラム」マークについて

関連用語

その単元の内容や項目に関連する用語をまとめています。赤字部分だけでなく、この関連用語も併せて覚えるようにしましょう。

参考

その単元の内容や項目に関するトピックを補足事項として取り上げています。頻出事項ではありませんので、余裕があれば目を通しておきましょう。

コラム

その単元や項目に関して、歴史的教養につながる内容をコラムとして掲載しています。内容に興味・関心があれば、目を通してみてください。

第0章
歴史の学習まずはここから！

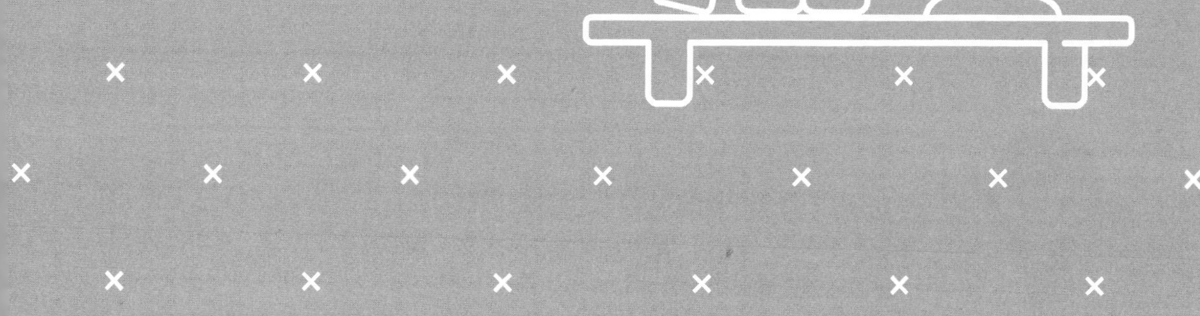

0. 近代以前のこれまでの歴史

高卒認定試験の「歴史」の学習範囲は、おおよそ18世紀から現代に至る範囲となります。この単元で近代以前の歴史をざっと確認することで、近代史の学習をスムーズにはじめることができます！　さっそく、各国の歴史を見ていきましょう！

世界の地域を確認しよう！

歴史では、世界のさまざまな地域や国が登場します。まずは世界地図で、各地域の名前と場所を確認しておきましょう。

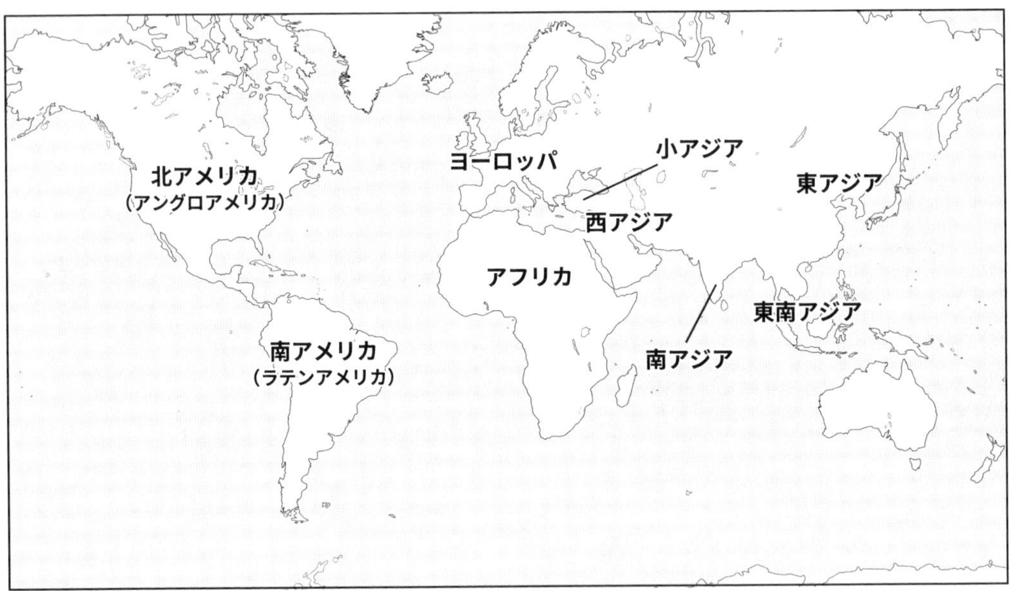

これらの大陸にはさまざまな国がおこり、それらが滅んだり統合されたりしながら歴史が展開していきます。現在の国名とは異なる国も多く登場しますよ！　また、現在の国境とは大きく異なりますので、まずは各大陸の名前を覚えておきましょう。

関連用語

◉ 紀元前 …… イエス=キリストが生まれたとされる年を基準とし、イエス誕生後を紀元○○年、誕生前を紀元前○○年と呼ぶ

◉ 世紀 …… 西暦を 100 年単位で区切った呼び方

【例】紀元前１世紀 ➡ 紀元前 100 年〜紀元前１年　１世紀 ➡ １年〜 100 年
10 世紀 ➡ 901 年〜 1000 年　21 世紀 ➡ 2001 年〜 2100 年

東アジア

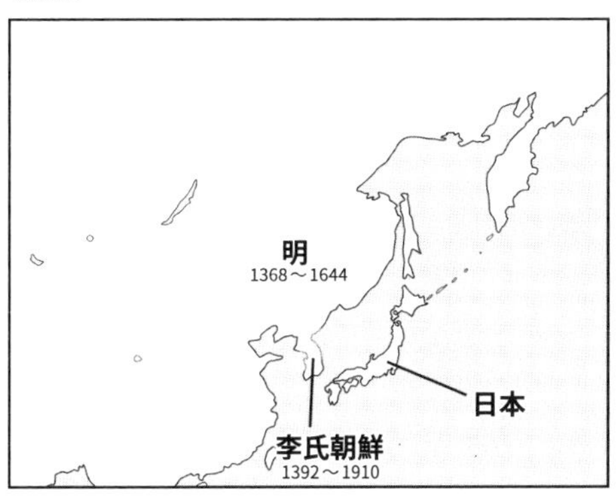

東アジアは、紀元前 5000年頃に、現在の中国で黄河文明がおこりました。古くから中国は政治面や経済面で大きく進歩しており、日本や朝鮮にさまざまな影響を与えました。仏教や儒教、漢字などの伝来はその例です。

地理的な距離の近さもあり、現在の中国・朝鮮・日本にあたる国々は互いに歴史的な関わりが深くなっています。

これまでの日本史

日本は古代より天皇が中心となり政治を行っていましたが、世の中が乱れ、各地で争いが繰り広げられる戦国時代となりました。

天皇家の力は弱まり、有力な武士が各地を支配していましたが、豊臣秀吉（とよとみひでよし）が各地を一旦まとめることに成功します。「歴史」の範囲では、豊臣秀吉亡き後に争いに勝利した徳川家康（とくがわいえやす）が江戸幕府（ばくふ）を開く、17 世紀から学習がはじまります。

江戸時代は江戸幕府が政治を行っていましたが、天皇家も存続しており、日本に影響を与えていました。江戸時代の後の明治時代に、天皇家に政権が戻ります。また、江戸時代後半には欧米諸国が日本に訪れるようになり、技術や制度的に進んだ欧米諸国に対抗できるよう、日本ではさまざまな改革が行われました。欧米各国との接触による技術の進歩や文化の変化が、現在の日本に大きな影響を与えています。

関連用語

◉ 幕府 …… 武士が政治を行う場所、または武家政権を指す。江戸幕府とは、江戸（現在の東京）に開かれた武家政権である

これまでの中国史

ユーラシア大陸の東（現在の中国あたり）に位置する地域には、殷にはじまり隋や唐など多くの国が生まれました。13 世紀後半に漢民族の国である宋がモンゴル部族のフビライ＝ハンに滅ぼされ、この地はモンゴル帝国のひとつに組み込まれました。フビライの死後、モンゴル帝国はチャガタイ＝ハン国、イル＝ハン国、キプチャク＝ハン国、元に分裂します。14 世紀半ばの反乱により、朱元璋はモンゴル人（元）を北方に追いやり漢民族の王朝を復活させます。

これまでの朝鮮史

現在の朝鮮半島に位置する地域にも、いくつもの国が生まれました。7 世紀半ばに朝鮮半島を統一した新羅の後、10 世紀に高麗が誕生しますが、13 世紀には中国と同様にモンゴルに服属しました。1392 年に李成桂が李氏朝鮮を立て、このときに訓民正音（ハングル）が作られました。17 世紀には清の属国となっています。

東南アジア

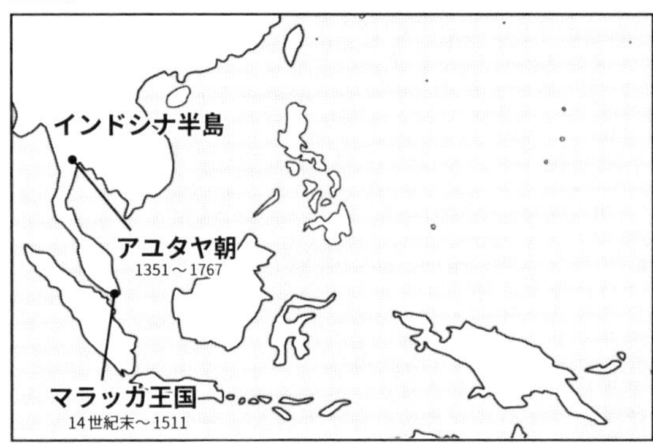

東南アジアは、北は中国、西はインドと大きな国家に挟まれた位置にあって、古くから交通の要衝として栄えてきました。また、この地域は胡椒をはじめとする香辛料が取れることから、ヨーロッパ諸国から植民地支配を受けた国が多くなっています。

東南アジアは、インドから伝わった仏教やヒンドゥー教が信仰の中心でしたが、後にムスリム商人の往来によって広がったイスラーム教などの影響を受けています。また、中国からも商人がやってきます。15 世紀頃、ヨーロッパで大航海時代がはじまると香辛料を求めるヨーロッパ商人の往来が増え、ヨーロッパ諸国による支配を受けるようになりました。

- ◉ オランダ東インド会社は、マルク（モルッカ）諸島の香辛料を独占的に入手していた
- ◉ スペインが拠点を置いたマニラを経由して、ラテンアメリカで産出された銀の一部が中国に流入した
- ◉ インドシナ半島内陸部に位置するアユタヤ朝は、米の輸出や中継貿易で栄えた。18 世紀半ばに滅亡し、その後 1782 年にラタナコーシン（バンコク）朝が開かれた

南アジア

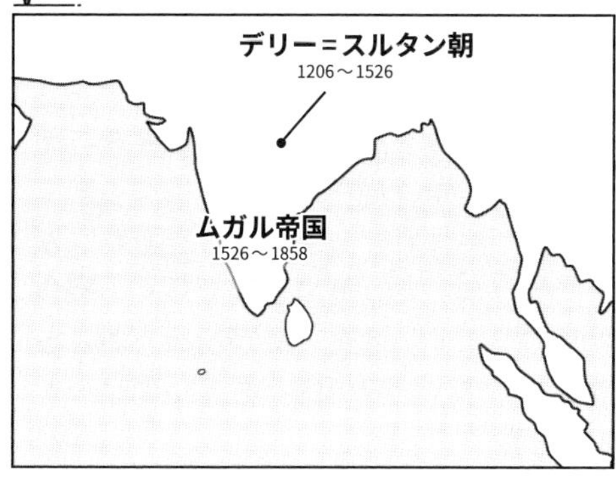

南アジアは現在のインドあたりの地域です。紀元前５世紀頃に釈迦（しゃか）が開いた仏教は周辺諸国に伝わり、多くの影響を与えました。南アジアは後にヒンドゥー教が広がりますが、イスラーム国家の統治を受けたことから、イスラーム教徒も多くなっています。

南アジアではインダス文明が衰退したのち、仏教やヒンドゥー教が広まります。10世紀以降にイスラーム勢力の侵入を受け、13世紀にはデリー＝スルタン朝、16世紀にはムガル帝国などのイスラーム王朝も成立します。

関連用語

- ◉ ムスリム …… イスラーム教信者のこと
- ◉ 王朝名の呼び方としての「朝」…… 国とほぼ同じ意味で使われることが多いが、国を支配する一族の名前が付くこともある

西アジア

西アジアは、ヨーロッパとアジアを結ぶ位置にあることから、古くから交易で栄えてきました。７世紀頃からはアラビア半島を中心にムハンマドによってイスラーム教が広まっていきます。

アレクサンドロス大王の東方遠征後（p. 14参照）、イランのササン朝ペルシアがインドのクシャーナ朝やヨーロッパのローマ帝国を攻めて支配領域を広げていきました。4世紀末に東西に分裂したローマ帝国のうち、東ローマ帝国はビザンツ帝国として栄えました。

7〜13世紀にかけては、多くのイスラーム王朝が成立しました。そのなかでもオスマン帝国はトルコを中心として急成長し、東ヨーロッパ・北アフリカ・西アジアをまたぐ大帝国となりました。

ヨーロッパ

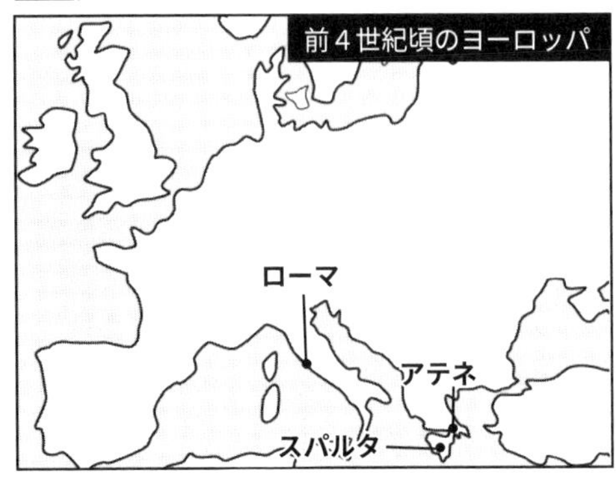

ヨーロッパでは、紀元１世紀にイエス=キリストがキリスト教を開き、大きな影響を与えてきました。また、現在の国の形になるまでに多くの国が生まれ、分裂や統合を重ねながら現代に至りました。その過程で多くの戦争も経験しています。産業革命が初めておこった地域でもあり、世界の国々を長い間リードしてきました。

紀元前

紀元前８世紀頃からアテネやスパルタなどの都市国家が成立しました。紀元前６世紀頃からローマで共和政（王がおらず、国の代表者が政治を行うこと）がはじまり、紀元前１世紀頃からは帝政（王が国の頂点に立ち、政治を行うこと）に移行します。

キリスト教の広がり

キリスト教が広まり、ローマ帝国がキリスト教を国教として認めて以降、教会は強い権力をもつようになりました。ローマ帝国は４世紀末に東西に分裂し、東ローマ帝国はビザンツ帝国として栄えました。一方、西ローマ帝国はゲルマン民族大移動を受けて５世紀末に滅亡しました。その土地に成立したフランク王国が勢力を伸ばしますが、カール大帝の死後分裂します。そのうちのひとつが10世紀末に成立した神聖ローマ帝国であり、現在のドイツにつながる国となります。

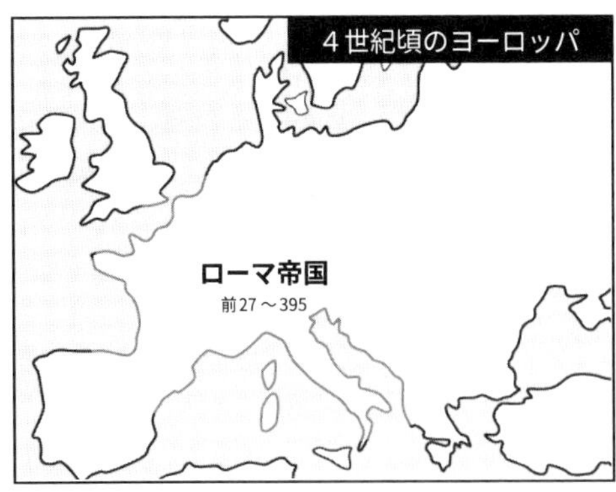

10世紀以降のヨーロッパ

11 世紀後半以降には十字軍が組織され、キリスト教とイスラーム教双方にとっての聖地であるエルサレムをめぐってイスラーム教徒と戦うなど、キリスト教勢力は隆盛（りゅうせい）を極めました。その一方で、現世の利益を追求しがちであったカトリック教会への抗議の動きがおこり、16 世紀には宗教改革がおこりました。

宗教改革では、ローマ教皇を頂点とするカトリック教会に対してルターやカルヴァンらのプロテスタントが対立し、この対立が後に宗教内乱や戦争の原因になりました。その後、カトリックの改革で誕生したイエズス会は「大航海時代」のヨーロッパの海外進出と連携し、中南米（ラテンアメリカ）やアジアの諸地域に布教を行いました。

こうしたことから世界各地にキリスト教が広まり、現在もキリスト教はクリスマスなどの行事や国の祝日など、人々の生活と密接に結びついています。

参考　カトリックとプロテスタント

いずれもキリスト教の一宗派の名称。宗教改革のときに、カトリックに「抗議」するかたちでプロテスタントが誕生した

参考　十字軍（11 ～ 13 世紀）

キリスト教とイスラーム教双方にとっての聖地であるエルサレムをめぐっての戦い。エルサレムはイスラーム教徒の支配下にあったが、この聖地を取り戻そうと、ヨーロッパ諸国から軍が集められ、イスラーム教徒との戦いとなった。十字軍は 13 世紀までに計 7 回組織されたが、聖地奪還は叶わなかった

コラム 世界四大文明

人類はいったいいつから地球上にいたのでしょうか？　人類は、約 700 万年前にアフリカ大陸に現れたといわれています。二足歩行をはじめた猿人は、道具や火の使用などを通じて徐々に進化を遂げていきます。紀元前 5000 年頃から、大河の周辺で農耕や牧畜などが行われ、村や都市、文字の誕生が見られます。四大文明は、世界最古の人類の文明です。

◉ メソポタミア文明

紀元前 3000 年以降、ティグリス川とユーフラテス川に挟まれたあたりに、さまざまな民族が都市国家や王朝を形成しました。紀元前 2700 年頃までにシュメール人が多数の都市国家をつくり、だんだんと規模の大きな国家がつくられていきます。紀元前 18 世紀頃にメソポタミアを統一した古バビロニアのハンムラビ王は「目には目を、歯には歯を」という一節でよく知られる「ハンムラビ法典」をつくりました。紀元前 7 世紀にアッシリアがメソポタミアとエジプトを征服したことでオリエントが統一されました。紀元前 6 世紀頃からはイランでおこったアケメネス朝ペルシアの支配を受け、紀元前 4 世紀にマケドニアのアレクサンドロス大王の東方遠征によってアケメネス朝は滅びました。

◉ エジプト文明

肥えた土地がナイル川の下流に広がっていくことによりエジプトに繁栄がもたらされました。これを「エジプトはナイルのたまもの」と呼ぶこともあります。紀元前 3000 年頃にメネス王によって統一された古王国に始まり、中王国・新王国の 3 時代に区分され、ヒエログリフ（神聖文字）という文字が使用されていました。古王国時代にはピラミッドが建設され、新王国時代にアケメネス朝ペルシアに征服されました。

◉ インダス文明

紀元前 2600 年頃からインダス川の中・下流域を中心にインダス文明が成立しました。メソポタミアともさかんに交流を行い、インダス文字などを使用するなどの文化がありました。有名な遺跡としてモエンジョ＝ダーロやハラッパーなどがあります。紀元前 1800 年頃からインダス文明は衰退していきます。

◉ 黄河文明

紀元前 5000 年頃、黄河中・下流域に黄河文明が成立しました。前期は磨製石器や彩陶を使用した彩陶文化（仰韶文化）、後期は黒陶を使用した黒陶文化（竜山文化）と分けられます。

【世界四大文明】

第1章
近代化の進む世界

下の世界地図は、第１章で登場する国々や地域をおおまかに示した概要地図です！　学習しながら、ときどきこのページに戻って国や地域の位置を確認しましょう！

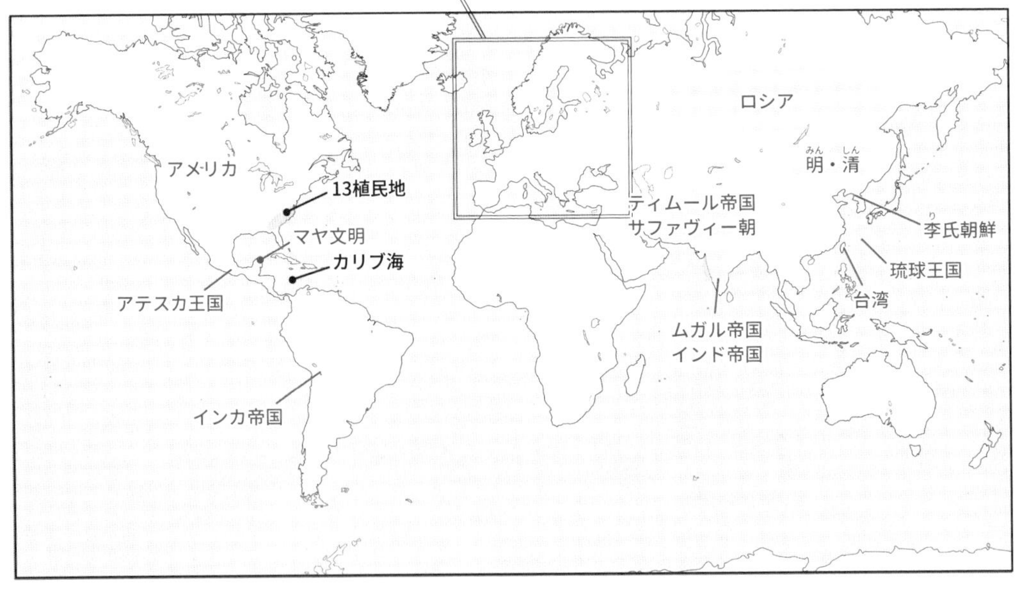

1. アジア諸地域の繁栄と日本

この単元では18世紀以前のアジア地域全般について、より深く学んでいきます。日本を含むアジア諸地域の様子を知り、この知識をあとで学ぶ近代の学習に役立てましょう。

明

明の朝貢体制と東アジア

朱元璋（洪武帝）によって漢民族の王朝を復活させた明は、李氏朝鮮や日本・琉球王国などと朝貢関係を結ぶことにより、周辺諸国への影響力を強めていきました。さらに15世紀になると、永楽帝の命令によってイスラーム信者である鄭和の率いる大艦隊を東南アジアやインド洋に派遣し、この地域の諸国にも朝貢をうながしました（南海遠征）。

朝貢を通じて明から与えられる銅銭や生糸・絹織物などは、周辺諸国の経済を活性化させました。一方で、明は対外貿易を朝貢貿易に限ったため、民間の自由な貿易は阻害されました。

朝貢とは、皇帝に対して周辺諸国が貢ぎ物を献上し、皇帝側は恩恵として返礼品を持たせて帰国させることです。これに商人をともなうことで貿易のような関係になります。

《明代の経済と社会》

◉ 手工業……杭州という地域で絹織物の生産がさかんとなり、綿織物や塩の生産も発達した。また、陶磁器（景徳鎮産が有名）や漆器の製造も行われた

◉ 税制……海外貿易がさかんになったことから貨幣経済が進展し、銀（メキシコ銀）の流通が活発になった。税制の簡素化と銀納化を目的に一条鞭法（各種の税を銀で納めることとする税制）が施行された

明の衰退

16 世紀に倭寇と呼ばれる集団が密貿易や略奪行為で朝鮮や中国南部を荒らしまわるようになります。また、北からはモンゴル人の侵入もあり、北虜南倭と呼ばれる南北の脅威は明の衰退の一因となりました。

清

中国東北部では、17 世紀はじめに満州人（女真人）が新たな王朝である後金を建てました。明が李自成の乱により滅ぶと、1644 年には清が中国本土を占領しました。

参考　清の周辺諸国統一の歴史

1616 年：中国東北部に後金（清の前身となる国）が建国され、ヌルハチ（太祖）が諸族を統一する

1636 年：国号を「清」とする。内モンゴルと朝鮮を征服する

1644 年：中国に侵入する。明の武将呉三桂の協力により、中国を征服する

1673 ～ 1681 年：三藩の乱（呉三桂らの反乱）を鎮圧する

1683 年：中国統一（第４代皇帝康熙帝のとき）。また、台湾を拠点としていた鄭氏を降伏させ、台湾を支配する

清の国内政策

満州民族を中心として建国された清ですが、多数派は漢民族でした。そのようななかで統治をするにあたって、清は明（漢民族国家）の制度を尊重し、伝統的な**華夷秩序**を意識した統治を行います。中央集権的な官僚制度や周辺諸国の朝貢、官吏登用制度である科挙などの継承がその例です。しかし、その一方で漢人男性に対して**辮髪**を強制するなど、漢人ではなく満州人が支配者であることを示すような政策も行われました。

華夷秩序とは、優れた中国が東アジアの中心であり、周辺国は中国に従属するという思想です。なお、辮髪とは、頭の後ろの部分の髪を三つ編みで結び、それ以外の髪は剃り上げる髪型です。

清の対外政策

清における経済活動は自由放任的で、朝貢にこだわらず商人どうしの自由な貿易が認められていました。そのため、茶や絹の対価として中国に多くの銀が流入しました。また、大航海時代以降にはアメリカ大陸から伝来したトウモロコシやサツマイモなどの作物が生産されるようになりました。貿易の発展とともに大量の銀が流入した影響により、銀納の税制（地丁銀制）が確立しました。

《その他》

◉ ネルチンスク条約（1689 年）を結び、ロシア・清間の国境を定めた
◉ キャフタ条約（1727 年）を結び、モンゴル・シベリア間の国境を定めた

参考 清の経済発展による影響

◉ 人口の増大により人口過密地域（蘇州・寧波など）から辺境へ移住したり、東南アジア方面へ移民したりする者（華僑・華人）が現れた
◉ アメリカ大陸から伝来した作物は山地の開墾を促し、環境破壊が進んだ。自然災害も相まって社会不安が増大し、18 世紀末には白蓮教徒の乱がおこった
◉ 清は治安上の理由から 18 世紀半ばにヨーロッパ船の来航を広州１港に限定した

西アジア・南アジアのイスラーム世界

16 世紀以降の西アジア・南アジアでは、オスマン帝国・サファヴィー朝・ムガル帝国という３つのイスラーム帝国が存在していました。オスマン帝国とムガル帝国がどのような歴史を歩んでいったのかを見ていきましょう。

オスマン帝国

オスマン帝国は、もとは小アジア（現在のトルコあたり）に存在した小国家でした。13 世紀末にバルカン半島に勢力を拡大し、1453 年には小アジアを支配していたビザンツ帝国を滅ぼし、勢力を拡大します。**スレイマン１世**(位1520〜1566)のときに帝国の最盛期となりました。オスマン帝国ではイスラーム法に基づく政治を行っていましたが、1683 年の第二次ウィーン包囲の失敗で領土は縮小に転じました。

《スレイマン１世の時代》

◉ ハンガリーを獲得する
◉ 1529 年：第一次ウィーン包囲を行い、ヨーロッパに脅威を与える
◉ 1538 年：プレヴェザの海戦により、地中海の制海権を掌握する
◉ 1571 年：レパントの海戦ではスペインに敗れるが、制海権を握り続ける

ムガル帝国

インドはイスラーム教徒とヒンドゥー教徒の争いで混乱していましたが、1526 年にバーブルが**ムガル帝国**を建国しました。ムガル帝国は、約 330 年続くインド最大のイスラーム国家です。アクバル帝のときに、アフガニスタンからインドの大部分を含む大帝国となりました。その後、アウラングゼーブ帝の時代に帝国の領土が最も大きくなりました。

《17～18 世紀の主な皇帝》

- ◉ アクバル帝（位1556～1605）…… イスラーム教とヒンドゥー教の融和（ゆうわ）策を行い、ジズヤ（非イスラーム教徒への人頭税）を廃止した
- ◉ シャー＝ジャハーン帝（位1628～1658）…… 領土拡大
- ◉ アウラングゼーブ帝（位1658～1707）…… 非イスラーム教徒を弾圧し、ジズヤを復活させた

ムガル帝国のインド支配とともににイスラーム文化が浸透し、ヒンドゥー文化と融合していった結果、独特のインド＝イスラーム文化が成立しました。

《インド＝イスラーム文化》

- ◉ タージ＝マハル廟（びょう）…… シャー＝ジャハーンが王妃マハルのために建設した墓廟（ぼびょう）（インド＝イスラーム建築の最高傑作）
- ◉ イランのミニアチュールの伝統を受けたムガル絵画が発達
- ◉ ラージプート絵画 …… ヒンドゥー教の題材を扱う

15 世紀以降、インドにはポルトガルやオランダ、イギリス、フランスが進出し、各地に拠点を築いて貿易を行っています。とくにインドの綿織物は東南アジアやヨーロッパに多く輸出されました。

参考　ティムール帝国とサファヴィー朝（中央アジアの歴史）

14 世紀初頭、ティムールは中央アジアにティムール帝国を建国し、キプチャク＝ハン国や西北インドに侵入して勢力を広げた。1402 年のアンカラの戦いでオスマン帝国を破るが、16 世紀はじめにトルコ系ウズベク人によってティムール帝国は滅ぼされた。ティムール帝国が衰えると、神秘主義教団を中心に、イスラーム教シーア派のサファヴィー朝（イランのイスラム教国）が建てられた。シャーという王号でイラン人の民族意識を高め、アッバース１世のときに最盛期となったが、アフガン人の侵入で混乱し、18 世紀に滅亡している

日本の江戸幕府と幕藩体制

豊臣秀吉の死後、1600 年の関ヶ原の戦いで勝利を収めた徳川家康は征夷大将軍に任命され、江戸に幕府を開きました。第３代将軍徳川家光は、1635 年の武家諸法度（寛永令）により参勤交代の制度化を行いました。このようにして、強力な支配権をもつ将軍（徳川家・幕府）と大名（藩）が土地と人民を統治する体制（幕藩体制）を整えていきました。

将軍名	出来事
徳川家康 （位1603～1605）	1603 年：江戸幕府を開く
徳川秀忠 （位1605～1623）	1614 年：大坂の役 …… 豊臣氏を滅ぼす（1614 ～ 15 年） 1615 年：一国一城令 …… 大名の居城をひとつに限らせる 1615 年：武家諸法度（元和令）…… 大名を取り締まる法を整備する 1615 年：禁中並公家諸法度 …… 天皇や公家を取り締まる法を整備する
徳川家光 （位1623～1651）	1635 年：武家諸法度（寛永令）…… 参勤交代を制度化する

参勤交代とは、大名を１年毎に領地から江戸に赴かせ、居住させる制度です。大名の妻子は江戸に住むことを義務付けられたため、大名は江戸に人質を取られるかたちとなりました。

関連用語

◉ 征夷大将軍 …… 鎌倉時代（12 世紀）以降、武家のトップを意味する役職

◉ 大名 …… 徳川幕府と主従関係がある有力な武士のこと

◉ 公家 …… 天皇家に仕える貴族のこと

◉ 藩 …… 地方の領域を指し、現在の県に相当する（薩摩藩➡鹿児島県、長州藩➡山口県）

江戸時代の繁栄と社会

幕藩体制のもとで日本の人口は急増し、江戸・京都・大坂は三都と呼ばれ、幕府が直轄して支配しました。大坂近郊では綿花（木綿）や菜種の生産と加工が行われ、衣食住の水準が向上していきました。

関連用語

◉ 士農工商 …… 江戸時代の身分制度。武士は政治や軍事を独占し、苗字や帯刀などの特権をもつ支配身分で上位に位置した。その他、農民・職人・商人と身分が分けられた

江戸幕府の対外関係

徳川家康は、対馬の宗氏を通して朝鮮と文禄・慶長の役の講和を結び、対馬藩に朝鮮との通交・貿易の独占を認めました。そのほかに琉球については薩摩藩、アイヌについては松前藩がそれぞれ貿易を委ねられていました。

また、当初、江戸幕府はヨーロッパと貿易を行っていましたが、キリスト教信者の増加を受け、第２代将軍秀忠や第３代将軍家光はキリスト教の禁止を強化しました。

◉ 江戸幕府はポルトガル船の来航を禁止し、オランダ商館を長崎の出島へ移す
◉ 長崎にはオランダと中国の商船のみが来航可能に

特定の国以外との通商・外交を排除する鎖国を行う

関連用語

◉ 琉球王国 …… 現在の沖縄地域に建国された国。1609年に薩摩の島津家によって征服された。薩摩藩は征服したにもかかわらず、琉球王国を独立した王国の形態をとらせて、中国との朝貢貿易を継続させた。幕府に対しては、国王の代替わりごとに謝恩使を、将軍の代替わりごとに慶賀使を派遣した

◉ アイヌ …… アイヌ民族とは現在の北海道の地域の先住民である。1669年に、蝦夷ヶ島（道南部）に位置する松前藩とアイヌ集団のシャクシャインが対立し（シャクシャインの戦い）、敗れたアイヌは松前藩に服従した

《 江戸時代の主な為政者 》

◉ 第５代将軍：徳川綱吉 …… 生類憐みの令や儒学を重んじた政策を行った
◉ 第８代将軍：徳川吉宗 …… 享保の改革を行い、有能な人材を登用した
◉ 田沼意次 …… 商業活動を奨励し、幕府の財政を立て直そうとした
◉ 松平定信 …… 農村での生産活動を重視し、倹約を進める寛政の改革を行った

（　）問中（　）問正解

■ 各問の空欄に当てはまる語句をそれぞれ①～③のうちから一つずつ選びなさい。

問1　明の永楽帝の命令によって、15世紀に東南アジアやインド洋に向けて大規模な南海遠征を行った人物は（　　　　）である。

① 李成桂　② 李自成　③ 鄭和

問2　17世紀に中国東北部の満州からおこった王朝は（　　　　）である。

① 隋　② 唐　③ 清

問3　清は明の制度を尊重し、伝統的な（　　　　）を意識した統治を行った。

① 五経正義　② 華夷秩序　③ 滅満興漢

問4　清では貿易の発展とともに、（　　　　）の税制が確立した。

① 金納　② 銀納　③ 物納

問5　13世紀に小アジアに誕生したオスマン帝国は、（　　　　）のときに帝国の最盛期となった。

① メフメト2世　② スレイマン1世　③ セリム1世

問6　16世紀に誕生し、約330年続いたインド最大のイスラーム国家は（　　　　）である。

① ハンガリー帝国　② ムガル帝国　③ ビザンツ帝国

問7　豊臣秀吉の死後、1600年の関ヶ原の戦いで勝利を収めた（　　　　）は征夷大将軍に任命され、江戸に幕府を開いた。

① 徳川家康　② 織田信長　③ 徳川家光

問1：③　問2：③　問3：②　問4：②　問5：②　問6：②　問7：①

問８　第３代将軍の徳川家光は、1635 年の（　　　　）により、参勤交代の制度化を行った。

① 武家諸法度　② 禁中並公家諸法度　③ 一国一城令

問９　江戸幕府は、特定の国以外との通商・外交を排除する鎖国を行い、オランダの商館を（　　　　）の出島に移した。

① 広島　② 福岡　③ 長崎

問 10　1609 年に薩摩藩によって征服された地域は（　　　　）である。

① 朝鮮　② 琉球　③ 蝦夷

解　答

問８：①　問９：③　問10：②

（　）問中（　）問正解

■ 次の問いを読み、問１～問５に答えよ。

問１　清代の中国のようすについて述べた文として適切なものを、次の①～④のうちから一つ選べ。〈高認 H. 29-2 世・改〉

① 穀物法を廃止した。
② 聖像禁止令が出された。
③ ネルチンスク条約を結んだ。
④ ペロポネソス戦争がおこった。

問２　次の図は、明の時代に、朝鮮半島から中国東南沿岸で私貿易を行った武装集団が、明の官軍と戦うようすを描いたものである。この武装集団は何とよばれたか、下の①～④のうちから一つ選べ。〈高認 H. 29-1 世・改〉

① 両班　② 士大夫　③ 倭寇　④ 宦官

問３　明の永楽帝の命で、東南アジア海域からインド洋へ遠征した人物を、次の①～④のうちから一つ選べ。〈高認 H. 28-1 世・改〉

① 孔　子

② 鄭　和

③ 蔡　倫

④ 玄　奘

問４　ムガル帝国第３代皇帝アクバルの政策を、次の①～④のうちから一つ選べ。

〈高認 H. 30-2 世・改〉

① ベンガル分割令を出した。
② 穀物法を廃止した。
③ 農奴解放令を出した。
④ 人頭税（ジズヤ）を廃止した。

問5　オスマン帝国最盛期の王として正しいものを①～④のうちから一つ選べ。

〈高認 H. 29-2 世・改〉

①

イグナティウス＝ロヨラ

②

スレイマン１世

③

雍正帝

④

ワシントン

解答・解説

問１：③

①について、穀物法を廃止したのは 1846 年で、イギリスでの出来事です。穀物法は、輸入の穀物に高い関税をかけて地主たちの利益を保護する目的で 1815 年に定められました。②について、聖像禁止令が出されたのは 726 年の東ローマ帝国で、レオ３世によって出されました。③について、ネルチンスク条約が結ばれたのは 1689 年で、ロシアと清の間で結ばれました。この条約によって、ロシアと清の極東部の国境が画定されました。④について、ペロポネソス戦争が起こったのは、紀元前５世紀後半の古代ギリシアです。アテネを中心とするデロス同盟と、スパルタを中心とするペロポネソス同盟が戦い、スパルタが勝利しました。したがって、正解は③となります。

問２：③

①の両班とは、高麗や李氏朝鮮時代の特権を持っていた官僚のことです。②の士大夫とは、士と大夫という二つの支配身分のことで、後には官僚などを指す言葉となりました。③の倭寇とは、13 世紀から 16 世紀に朝鮮や中国沿岸に出没した海賊集団のことで、日明間での勘合貿易を行うことになった原因です。④の宦官とは、中国や西アジアの王朝に存在した、宮廷に仕える男子のことを言います。したがって、正解は③となります。

問３：②

①の人物は、春秋時代の中国の思想家です。③の人物は、後漢の時代の人物で製紙法を改良しました。④の人物は、唐の僧でインドに渡り経典や仏像を持ち帰りました。

問４：④

①について、インドでベンガル分割令が出されたのは 1905 年のことで、ムガル帝国が滅んだ後のことなので、不適切です。このベンガル分割令は、インド総督であったカーゾンによって出されました。②について、穀物法が廃止されたのは 1846 年のイギリスのことなので、不適切です。穀物法は、地主などの利益を保護する目的で制定されていました。③について、農奴解放令が出されたのは 1861 年のロシアなので、不適切です。農奴解放令は、クリミア戦争での敗北から、国内の改革が必要であると考えたアレクサンドル２世によって発令されました。④について、人頭税（ジズヤ）が廃止されたのは、ムガル帝国第３代皇帝アクバルの時なので、適切です。しかしその後、アウラングゼーブ帝が人頭税（ジズヤ）を復活させます。非ムスリムの人々は、この人頭税（ジズヤ）を払うことによって、ある程度の財産や宗教的自由が認められました。したがって、正解は④となります。

問5：②

①のイグナティウス＝ロヨラは、16世紀前半にフランシスコ＝ザビエルとともにイエズス会を設立した人物です。②のスレイマン1世は、オスマン帝国の皇帝で、イランのサファヴィー朝と戦ったほか、ヨーロッパにも遠征してハンガリーを征服、ウィーンを包囲しました。③の雍正帝は、清の皇帝で、当時起こっていた典礼問題の末にキリスト教の布教を禁止しました。また、ロシアとキャフタ条約を結び、ロシアと中国の西方の国境を決定させました。④のワシントンは、イギリスからの独立期に活躍したアメリカの人物で、第二回大陸会議の際に最高司令官となり、独立のために尽力しました。1776年にジェファソンの起草で独立宣言が公布された後は、アメリカ合衆国の初代大統領になりました。

2. ヨーロッパにおける主権国家体制の形成と海外進出

この単元では18世紀以前のヨーロッパの様子について説明します。「世界の一体化」が進むなかで、主権国家の形成とヨーロッパ人の海外進出が重要なテーマになります。

Hop｜重要事項

主権国家の成立

ヨーロッパでは、ローマ教皇が強い権力を握っていましたが、やがて各国の君主が中央集権化を進め、教皇の影響力は次第に弱くなっていきました。宗教対立を原因として1618年からはじまった**三十年戦争**は、ヨーロッパ各国を巻き込んで行われました。その結果、**ウェストファリア条約**が結ばれ、対等な国家間の外交関係に基づく主権国家体制が成立しました。

ウェストファリア条約によって、神聖ローマ帝国に支配されていたドイツの各地域やオーストリアなどに主権が与えられ、ひとつの国として対等な関係がもてるようになりました。

《三十年戦争後の各国のあゆみ》

◉イギリス …… 王（君主）が統治する時代が続いていたが、17世紀半ばに市民がピューリタン革命をおこし、一時的に君主政から共和政に移行した。その後、一旦は君主政が復活したが、1688年にはじまった名誉革命により権利の章典が定められ、立憲君主政が成立した

◉ドイツ …… 神聖ローマ帝国が現在のドイツにあたる地域を中心に支配していたが、16世紀の宗教改革や17世紀の長期にわたる戦争の結果、神聖ローマ皇帝の権力が弱まり、帝国内の領邦国家がそれぞれ独自に発展した

◉フランス …… 王が統治する時代が続いており、フランス王ルイ14世の時代に絶対王政の絶頂期となり、君主が国内の貴族の力を抑えつつ、議会を開かずに権力を自身に集中して統治していた

関連用語

◉ 神聖ローマ帝国 …… 西ローマ帝国を継承した、ドイツを中心とした帝国。いくつかの国が連なってひとつの国を形成していた

◉ ピューリタン革命 …… 1642年にイギリス王の圧政によりおこった革命。この革命により国王チャールズ１世は処刑され、共和政が実現した

◉ 名誉革命 …… 国王ジェームズ２世の圧政によりおこった革命。国王の亡命によりメアリ２世（ジェームズ２世の娘）とウィリアム３世（オランダ王でメアリの夫）が共同統治というかたちで王の座につき、権利の章典を制定した。血が流れることなく革命が実現したことから「名誉革命」と呼ばれる

◉ 権利の章典 …… 国王の権力は議会が定めた法によって行使されることを認めさせたイギリスの不文(ふぶん)憲法（法典のように明文化されていない憲法）

参考 主な統治方法とその特徴

◉ 君主政 …… 君主（王など）が唯一の主権者であり、君主によって政治が行われること

◉ 立憲政 …… 君主制において、君主の権力は憲法に制限されること

◉ 共和政 …… 一国の政治が、国民の多数の意思によって行われる政治の仕組みのこと

◉ 絶対王政 …… 権力が王に集中し、国王（君主）が絶対的な権力をもつ政治形態のこと

コラム 宗教改革

ローマ教皇が教会の再建工事のために贖宥状(しょくゆうじょう)（免罪符）を売り出したことに対して、ルターが『95カ条の論題』を発表して批判したことで、宗教改革がはじまりました。この改革はヨーロッパに広がり、スイスではカルヴァンが予定説を唱えて宗教改革を行いました。ルターやカルヴァンの説を信じる人々はプロテスタント（抗議する者）と呼ばれました。

また、イギリスではヘンリ８世がイギリス国教会を創始しました。カトリックでは離婚が禁じられていたことを不満に思っていたからです。また、中央集権国家を形成するために首長法を発布して国王がイギリス国教会の首長であることを宣言しました。その後、エリザベス１世が1559年に統一法を制定して、国民にイギリス国教会を信仰することを強制しました。

カトリック教会は、宗教改革によって減った信者を取り戻すため、自らの改革を行いました。1545～1563年にトリエント公会議を開き、カトリックの教義や教皇の至上権を再確認しました。さらに、禁書目録を作成し、宗教裁判を強化し、思想統制を実施しました。また、イグナティウス＝ロヨラやフランシスコ＝ザビエルらが結成したイエズス会は積極的に布教活動を行い、南ドイツやフランスなどをカトリックの勢力圏に回復し、またスペインやポルトガルなどの通商・植民活動と結びついて、海外布教も行っていきました。

ヨーロッパ人の海外進出 〜大航海時代〜

15 世紀から 17 世紀にかけて、ヨーロッパの人々は富と信仰を動機に海外進出を進めていきました。大航海時代のはじまりです。まず、スペインとポルトガルが中心となり、これにイギリスとフランスとオランダが続きました。

《 大航海時代の背景 》

◉ 科学技術の発達 …… 羅針盤・航海術・地球球体説など
◉ 香辛料の需要増大 …… 香辛料があるインドや東南アジアに陸路で行くためには、イスラーム圏（西アジア）を通らなければならないため、海路の開拓に関心が集まった
◉ 中央集権国家の形成と国王の援助
◉ 東方への関心（マルコ＝ポーロの『世界の記述』[『東方見聞録』とも呼ばれる]）で、日本を黄金の国「ジパング」として紹介）
◉ 宗教的情熱

当時、人々は船で旅をしていました。羅針盤（現在の方位磁石）は船を動かす方向を決めるためにとても大切なものです。また、「地球は丸い」とするトスカネリの地球球体説は、地図の考え方に新たな視点を与え、「ヨーロッパの西側からインドに行く海路があるのではないか？」と冒険者が考えるきっかけになりました。

参考　大航海時代の冒険者たち

◉ エンリケ航海王子 …… 15 世紀はじめにアフリカ最西端に到達するも船酔いで帰国
◉ コロンブス …… 1492 年、大西洋を横断してサン＝サルバドル島（西インド諸島）に到達
◉ ヴァスコ＝ダ＝ガマ …… 1498 年、喜望峰をまわってインド西岸のカリカットに到達
◉ マゼラン …… 1519 〜 22 年、世界周航を達成

海外進出とその影響

現在のメキシコ以南に位置する中南米地域では、スペイン人がインカ帝国やアテスカ王国（p. 16 参照）をはじめとする先住民の文明を征服し、銀山を開発して採掘した銀をヨーロッパに輸出しました。さらに大陸およびカリブ海諸島に入植してプランテーションを開き、サトウキビやコーヒーの大規模生産をはじめました。

中南米から新たにもたらされた農作物などは、ヨーロッパ社会に長期的に大きな影響を与えました。アメリカ大陸の銀はヨーロッパの経済を活性化させ、大量に供給された砂糖はヨーロッパの食生活を変えました。一方で、ヨーロッパ人のアジア進出は、基本的に植民地を支配するというより貿易の拠点を確保するという性格のものでした。ヨーロッパ人は、アジアから香辛料のほか、茶・陶磁器・綿織物・絹などの物産を大量に持ち帰り、支払いには新大陸の銀が用いられました。

参考 中南米からもたらされた主な農作物
ジャガイモ・トウモロコシ・サツマイモ・タバコ・トウガラシ・カボチャ・インゲン豆・カカオ・トマト・ピーナッツ

《ヨーロッパ人の海外進出》

◉ ポルトガル …… インドのゴアやマレー半島のマラッカを根拠地にして香辛料貿易を行う。1557 年にマカオの居住権を獲得し、中国貿易の根拠地とする
◉ スペイン …… フィリピンのマニラを根拠地にし、新大陸産の銀で中国貿易を行う
◉ オランダ …… 1602 年に東インド会社を設立。ジャワのバタヴィアを根拠地にして香辛料貿易を独占する。1623 年のアンボイナ事件でイギリスを東南アジアから追い出す
◉ イギリス …… 1600 年に東インド会社を設立。ボンベイ・マドラス・カルカッタを根拠地とし、インド経営に専念する

奴隷貿易

新大陸では、ヨーロッパ人の持ち込んだ伝染病や過酷な労働が原因で先住民の人口が激減しました。このため労働力が不足するようになり、その対策としてアフリカの黒人を奴隷として新大陸へ輸送しました。イギリスでは紅茶に砂糖を入れて飲む習慣が広まったため、砂糖の需要が増大し、砂糖プランテーションにおいて多くの黒人奴隷が使役されるようになりました。

新大陸とはヨーロッパ人が発見した南北アメリカのことです。大航海時代以前は、ヨーロッパの人々は南北アメリカの存在を知らなかったのですね。なお、アメリゴ＝ヴェスプッチがこの地に漂着したことからアメリカと呼ばれるようになりました。

産業革命

人々はこれまで手作業に近いかたちでモノ作りを行っていました。18 世紀後半になると機械が発明され、生産方法の根本的変化がおこります。それにともない、産業・経済・社会上で大変革がおこりました。これを**産業革命**といいます。産業革命は 18 世紀後半にイギリスではじまり、ほかのヨーロッパ諸国もイギリスに続きました。すこし遅れて 19 世紀後半〜末にはドイツ、アメリカ、ロシア、日本でも産業革命がおこります。工業生産における技術革新は綿工業の分野ではじまりました。

資本主義経済の確立

産業革命により、人々の社会や暮らしには大きな変化がおこりました。工場において機械を使用して商品を生産（機械制工場生産）するようになり、産業の中心が農業から工業へと移りました。生産手段（資本）をもつ産業資本家が、賃金労働者を雇って工場や企業を経営するようになり、ここに**資本主義経済**が確立しました。

◉ 工場が多数置かれる工業都市が形成され、住民は産業資本家と賃金労働者に二分された

◉ 産業資本家は利潤追求のために労働者を長時間・低賃金で雇用 ➡ 労働運動が発生

◉ 政府は労働運動を取り締まる一方、工場法を制定して改善対策を行う

◉ イギリスでは機械化によって職を失った職人たちが、機械を打ち壊したラダイト運動が発生

◉ 労働条件を資本家と交渉する労働組合の結成が広まる

参考　イギリスの産業革命の背景

19 世紀になると、イギリスは圧倒的な工業生産力をもち「世界の工場」と呼ばれた。イギリスは伝統的な毛織物業のほかにさまざまな製造業や商業も発達しており、国内に豊かな資本が蓄えられていた。また、農村では大地主による農地の囲い込みが行われたことから、農民の多くは土地を失い、工場などの労働者となった。石炭や鉄などの資源にも恵まれていたことも、イギリスが世界初の産業革命を成し遂げる一因となっている

参考　産業革命期の発明

◉ 蒸気機関 …… ニューコメンが発明し、ワットが改良した（産業革命時の機械の動力に使われたのは蒸気である）

◉ 飛び杼（ひ） …… ジョン＝ケイが発明。織り機の性能を高め、綿布の生産量が急増した（1733 年）

◉ 蒸気機関車 …… スティーブンソンが発明（1814 年）。1825 年に実用化し、陸上の大量輸送機関として鉄道が普及した

(　　)問中(　　)問正解

■ 各問の空欄に当てはまる語句をそれぞれ①～③のうちから一つずつ選びなさい。

問1　宗教対立を原因として 1618 年からはじまった戦争は（　　　　）である。
① 七年戦争　② 三十年戦争　③ 英仏戦争

問2　三十年戦争を終結させた講和条約は（　　　　）である。
① ユトレヒト条約　② アウグスブルクの和議　③ ウェストファリア条約

問3　1640 年、イギリスでは王の圧政により（　　　　）がおこり、一時的に君主政から共和政に移行した。
① 名誉革命　② ピューリタン革命　③ 二月革命

問4　フランスでは王が統治する時代が続いており、（　　　　）の時代に絶対王政の絶頂期となった。
① ルイ 14 世　② ヴィルヘルム 1 世　③ ナポレオン 1 世

問5　15 ～ 17 世紀にかけて、ヨーロッパの人々がアジアやアメリカ大陸などへ海外進出を進めた時代を（　　　　）と呼ぶ。
① 南北朝時代　② 黄金時代　③ 大航海時代

問6　1498 年、(　　　　)は喜望峰をまわってインド西岸のカリカットに到達した。
① エンリケ航海王子　② ヴァスコ＝ダ＝ガマ　③ マゼラン

問7　1623 年の（　　　　）で、オランダはイギリスを東南アジアから追い出した。
① アンボイナ事件　② 血の日曜日事件　③ ファショダ事件

問1：②　問2：③　問3：②　問4：①　問5：③　問6：②　問7：①

問８　16 世紀頃に東南アジア方面に進出していたスペインは（　　　　）を根拠地として、新大陸産の銀を用いて中国と貿易を行っていた。

① カルカッタ　② マカオ　③ マニラ

問９　機械の発明により、手作業から工場生産に生産方法が変わったことで社会に大きな影響を与えたことを（　　　　）という。

① エネルギー革命　② 産業革命　③ 情報革命

問 10　労働者が過酷な労働に対して労働運動をおこすと、政府は労働運動を取り締まる一方で、（　　　　）を制定して改善対策を行った。

① 労働組合法　② 労働基準法　③ 工場法

解　答

問８：③　問９：②　問10：③

（　）問中（　）問正解

■ 次の問いを読み、問１～問５に答えよ。

問 1　ポルトガルの 15 世紀の出来事について述べた文として適切なものを、次の①～④のうちから一つ選べ。〈高認 H. 29-1 世・改〉

① ヴァスコ＝ダ＝ガマが、インド航路をひらいた。
② ルイ 14 世が、フロンドの乱を鎮圧した。
③ グーテンベルクが、活版印刷術を実用化した。
④ ピョートル 1 世が、首都ペテルブルクを建設した。

問 2　16 世紀のオランダについて述べた文として適切なものを、次の①～④のうちから一つ選べ。〈高認 R. 2-2 世・改〉

① バラ戦争がおこった。
② インカ帝国を滅ぼした。
③ 啓蒙専制君主が統治した。
④ ウェストファリア条約で独立が認められた。

問 3　ヴェルサイユ宮殿を建設した人物を、次の①～④のうちから一つ選べ。〈高認 R. 1-2 世・改〉

①

ルイ 14 世

②

ダレイオス 1 世

③

イヴァン 4 世

④

カール大帝

問４　三十年戦争の説明として適切なものを、次の①～④のうちから一つ選べ。

〈高認 R. 1-1 世・改〉

① 三段櫂船のこぎ手として，無産市民が活躍した。
② 講和条約として、ウェストファリア条約が締結された。
③ 白蓮教徒の蜂起から始まった。
④ 戦争中に、ホームステッド法が制定された。

問５　アジア地域の交易に関して、1623 年にオランダがイギリス勢力をインドネシアから追い出し、アジア貿易の主導権をにぎるきっかけとなった事件を、次の①～④のうちから一つ選べ。〈高認 H. 29-1 世・改〉

① 血の日曜日事件　② アンボイナ事件
③ モロッコ事件　④ 義和団事件

解答・解説

問 1：①

①のヴァスコ＝ダ＝ガマはポルトガルの探検家で、15 世紀末にヨーロッパからアフリカ南部を経由してインド航路を開きました。②のルイ 14 世がフロンドの乱を鎮圧したのは、17 世紀のフランスでの出来事です。フロンドの乱を最後に、貴族勢力は衰退し、絶対王政が確立されていきました。③のグーテンベルクが活版印刷術を発明したのは、15 世紀のドイツでの出来事です。④のピョートル 1 世がペテルブルクを建設したのは、18 世紀初頭のロシアでの出来事です。したがって、正解は①となります。

問 2：④

①のバラ戦争は 15 世紀にイギリスのランカスター家とヨーク家の間で王位継承権を巡って起きた戦いです。②のインカ帝国は 15 世紀にスペイン人ピサロによって滅ぼされました。③の啓蒙専制君主は 18 世紀後半の東ヨーロッパで多く見られた君主像で、絶対王政の下で君主が近代化を図っていきました。啓蒙専制君主としてあげられるのがプロイセンのフリードリヒ 2 世やオーストリアのヨーゼフ 2 世らです。④のウェストファリア条約は 17 世紀に結ばれた三十年戦争の講和条約で、これによってオランダの独立が承認されました。したがって、正解は④となります。

問 3：①

ヴェルサイユ宮殿はフランスにあるので、フランスの国王について書かれている選択肢を探しましょう。①について、ルイ 14 世は 17 世紀のフランスの国王で、ヴェルサイユ宮殿を造営した人物なので、正しいです。ルイ 14 世の時代にフランスのブルボン朝は最盛期を迎え、ルイ 14 世は太陽王と呼ばれていました。②について、ダレイオス 1 世はアケメネス朝ペルシアの王なので、誤りです。彼はアテナイとペルシア戦争を行いますが、マラトンの戦いなどで敗北しました。③について、イヴァン 4 世はロシアの初代ツァーリなので、誤りです。彼は、コサックのイェルマークが征服したシベリアまで支配を拡大した一方で、農奴制の強化にも取り組みました。④について、カール大帝は神聖ローマ帝国の初代皇帝なので、誤りです。彼は 800 年にローマ教皇のレオ 3 世から戴冠を受け、ローマ皇帝となりました。したがって、正解は①となります。

問４：②

①について、三段櫂船の漕ぎ手として無産市民が活躍していたのは古代ギリシアなので、誤りです。三段櫂船はアケメネス朝ペルシアとのペルシア戦争で活躍していました。②について、ウェストファリア条約が締結されたのは、三十年戦争が終結した 1648 年なので、正しいです。この条約によって、フランスはアルザス･ロレーヌ地方を獲得し、神聖ローマ帝国の各領邦に主権と外交権が認められました。③について、白蓮教徒の蜂起が起こったのは 18 世紀末の清なので、誤りです。この反乱のおよそ 50 年後には洪秀全による太平天国の乱が起こります。④について、ホームステッド法が制定されたのは 19 世紀半ばのアメリカなので、誤りです。この法律は、リンカーンの署名によって制定されました。この法律によって、開墾などを条件に公有地 160 エーカーを無償で与えられるようになりました。したがって、正解は②となります。

問５：②

1623 年にインドネシアで起こった、オランダがイギリス勢力を追放した出来事をアンボイナ事件と言います。①の血の日曜日事件は、20 世紀初頭のロシア革命のきっかけとなった、労働者に対する軍隊の発砲事件です。③のモロッコ事件とは、帝国主義が進んでいた 20 世紀初頭にドイツが、フランスが支配するモロッコを手に入れようとして起こった出来事です。④の義和団事件とは、列強に分割されていた清国内で、列強を排除しようという動きが強まり、「扶清滅洋」のスローガンのもと、日本やロシアを中心とした列強が北京を占領した出来事です。義和団事件後に、北京議定書が結ばれました。したがって、正解は②となります。

3. アヘン戦争と日本の開国

この単元では、東アジアの動向について見ていきましょう。欧米諸国が清や日本とどのような交流や関係をもったのかという点が重要になります。また、19世紀は欧米列強の接近により日本の鎖国体制は揺らぎ、開国から明治維新へと大きく動き出す時代でもありますよ！

アヘン戦争と中国の開港

清は 18 世紀半ばからヨーロッパ諸国との海上貿易を広州のみで認めていました。この頃、ヨーロッパやアメリカでは茶の消費が急増しており、イギリスは中国から大量の茶を買い付けていました。一方でイギリス製品は中国では期待どおりに売れず、茶の対価として多額の銀が支払われました。このため、イギリスは中国にアヘン（麻薬）を持ち込み、三角貿易をはじめました。

【イギリスの三角貿易】

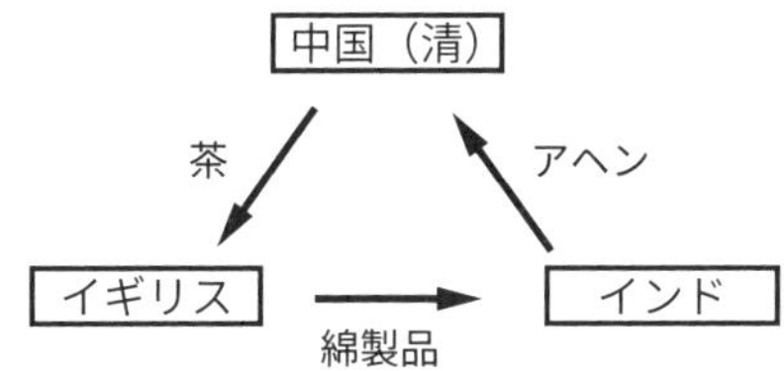

イギリスは銀を得るためにアヘンの密貿易を行いましたが、中国はこれを取り締まるために林則徐を広州に派遣し、アヘンの没収とイギリスとの貿易禁止措置を実施しました。これに対してイギリスが反発しておこしたのがアヘン戦争です（1840 ～ 42 年）。戦争はいち早く近代化を進めていたイギリスが勝利し、1842 年に南京条約を締結しました。その後、1856 年には清と英・仏両国との間にアロー戦争（第２次アヘン戦争）がおこっており、北京条約 (1860 年) が結ばれています。

《 条約の内容 》

◉ 南京条約 …… 香港の割譲、公行の廃止、上海など５港の開港
※ 1843 年には、領事裁判権や一方的な最恵国待遇を認め、関税自主権（p. 43 参考）がない追加条約も結ばれている

◉ 北京条約 …… 外国公使の北京駐在、天津など 11 港の開港、キリスト教布教の自由、九竜半島南部をイギリスに割譲

アヘン戦争後の清と改革運動

清では、満州民族を中心とする清朝の支配に対する漢民族の不満やアヘン戦争敗北による社会の混乱等から、民衆は次第に宗教へ傾倒していきました。このような背景から、1851 年に太平天国の乱がおこりました。その後、清は洋務運動を推進して国家の立て直しを図りますが、失敗に終わります。

その後の清では、列強諸国の勢力拡大に危機感を強め、康有為（こうゆうい）を中心に変法運動（＝立憲運動）を展開し、光緒帝（こうしょてい）を動かし改革を断行しました。しかし、西太后（せいたいこう）ら保守派の弾圧によって失敗しました。これを戊戌（ぼじゅつ）の政変と呼んでいます。

関連用語

◉ 太平天国の乱 …… 宗教結社の上帝会に所属する洪秀全（こうしゅうぜん）が多数の信者を率いて「滅満興漢（めつまんこうかん）」をスローガンに反乱をおこした。しかし、曽国藩（そうこくはん）や李鴻章（りこうしょう）、地方の有力者による義勇軍（＝郷勇（きょうゆう））や列強諸国による常勝軍により鎮圧された

日本の開国

欧米列強の接近

19 世紀前半になると、欧米列強が日本に近づき、開国と通商を求めるようになりました。しかし、日本は朝鮮・琉球・アイヌ・中国・オランダ以外の国との交易を行わない鎖国政策をとっていたため、ロシアやアメリカの要求を退けました。

《近づく列強と日本の政策》

◉ 1792 年にロシアのラクスマン、1804 年にロシアのレザノフが幕府に通商を求める
◉ イギリス軍艦が長崎に侵入するフェートン号事件がおこる
◉ 1825 年に江戸幕府は異国船打払令を出す
◉ 日本人漂流民の送還に来航したアメリカ商船が砲撃される（モリソン号事件）
◉ 大国である清がアヘン戦争で敗北したことを受け、幕府は異国船打払令を撤回し、薪水給与令（しんすいきゅうよれい）を出す

関連用語

◉ 蛮社（ばんしゃ）の獄 …… モリソン号事件と日本の対外政策について、高野長英（ちょうえい）と渡辺崋山（かざん）が幕府を批判したことにより処罰を受けた事件

◉ 異国船打払令 …… 外国船が日本に接近したときには、攻撃し追い払うことを命じた

◉ 薪水給与令 …… 外国船が日本に接近したときには、燃料・水・食糧などを支給したうえで穏便に帰ってもらうよう取り計らうことを命じた

日本の開国

1853 年、アメリカから派遣されたペリーは 4 つの軍艦を率いて日本に訪れ、武力を背景に開国を迫りました。1854 年、日本はついに鎖国体制をとりやめ、日米和親条約を結んで開国しました。その後、アメリカ総領事のハリスと日米修好通商条約を締結し、欧米各国との通商がはじまりました。

◉ 日米和親条約（1854 年）…… 下田（静岡県伊豆半島）と箱館（北海道南部）を開港した。また、一方的な最恵国待遇を認める不平等条約であった

◉ 日米修好通商条約（1858 年）…… アメリカ総領事のハリスにより結ばれた条約。アメリカに領事裁判権を認め、日本には関税自主権がない不平等条約であった

関連用語

◉ 最恵国待遇 …… 他国と結んだ最も有利な待遇を他の締結国にも与えること

◉ 領事裁判権 …… 治外法権のこと。たとえば、外国人が日本で犯罪を犯した場合、日本の法律で裁くことができず、日本に駐在する外国の領事が裁判を行う

◉ 関税自主権 …… 貿易の際にかかる税（関税）の税率を、自国で決めることができる権利

日米修好通商条約は、アメリカのほかにオランダ・ロシア・イギリス・フランスとも結ばれ、「安政の五か国条約」と呼ばれます。幕府が欧米諸国と結んだ条約は不平等条約であり、明治時代に改正の動きが現れます。

参考 幕府の要人と開国要求への対応

◉ 阿部正弘（まさひろ）…… ペリーが来航したことを受け、諸大名や幕臣に広く意見を求めた。列強対策を意識し、軍備の増強に努めた（安政の改革）

◉ 堀田正睦（まさよし）…… ハリスが来航したことを受け、孝明（こうめい）天皇に通商条約の許可を求めたが、天皇の反対により条約締結には至らなかった

◉ 井伊直弼（なおすけ）…… 朝廷の勅許（ちょっきょ）を得られないまま日米修好通商条約を締結した。これを批判する者たちを弾圧したが、1860 年の桜田門外の変で暗殺された

開国の影響と社会不安の増大

日米修好通商条約の締結により、神奈川・長崎・箱館・新潟・兵庫の開港、江戸・大坂の開市が定められました。開国後の貿易は、輸出では生糸と茶が、輸入では織物のほか、武器と艦船が主となり、当初は輸出超過でした。しかし、1860 年代になると幕府や藩の軍事関係（鉄砲や艦船）の輸入が増えたため、輸入超過になりました。

《 開国による影響 》

◉ 金の流出 …… 日本と欧米では金と銀の交換比率が異なり、日本においては少量の銀でもって金と交換できた。欧米各国が日本で銀を金に交換したことから、金の流出が発生した

◉ 物価の上昇 …… 輸出超過となったことで国内で品不足となり、物価が上昇した

人々の生活は苦しくなり、幕政批判や尊王攘夷（そんのうじょうい）運動につながった

尊攘派の登場と王政復古

開国による混乱に対して幕府が十分な対策を打てないなか、天皇を擁（よう）し外国を追い出そうと考える尊王攘夷運動が盛り上がりました。しかし、欧米の強力な軍事力を目の当たりにした雄藩（有力な藩）は、欧米の協力を得て幕府を倒そうと動き出します。薩摩藩と長州藩は坂本龍馬（さかもとりょうま）の仲介により薩長同盟を結び、ともに討幕をめざしました。

社会が混乱し、薩長と幕府の対決姿勢が強まっていきます。そんななか、雄藩と知識人の話し合いにより、新しい政治体制をつくることになりましたが、これが後に旧幕府側と新政府側の戦争（戊辰（ぼしん）戦争）につながっていきます。

《 1867 年の出来事 》

◉ 大政奉還 …… 新政府樹立にあたり、徳川慶喜（よしのぶ）（第 15 代将軍）が政権を朝廷に返還した出来事

◉ 王政復古の大号令 …… 幕府と朝廷を廃止し、天皇中心の新政府樹立を宣言した

徳川慶喜は自身の扱いに不満を抱き、戊辰戦争がおこる

Step ｜基礎問題

（　）問中（　）問正解

■ 各問の空欄に当てはまる語句をそれぞれ①～③のうちから一つずつ選びなさい。

問 1　アヘンの貿易をめぐる清とイギリスの対立によっておこったのは（　　　）である。
　① 三十年戦争　② シク戦争　③ アヘン戦争

問 2　アヘン戦争の講和条約は（　　　）である。
　① 南京条約　② 天津条約　③ 北京条約

問 3　アヘン戦争敗北による社会の混乱等から、洪秀全は多数の信者を率いて「滅満興漢」をスローガンに（　　　）をおこした。
　① 白蓮教徒の乱　② 黄巾の乱　③ 太平天国の乱

問 4　1792 年にロシアから派遣され、江戸幕府に通商を求めた人物は（　　　）である。
　① ラクスマン　② イヴァン３世　③ ハリス

問 5　モリソン号事件と日本の対外政策について批判した高野長英と渡辺崋山は、（　　　）によって処罰を受けた。
　① 胡藍の獄　② 文字の獄　③ 蛮社の獄

問 6　アメリカの（　　　）は幕府と日米和親条約を締結し、日本を開国させた。
　① ペリー　② ハリス　③ プチャーチン

問 7　大老（　　　）は朝廷の勅許を得られないまま日米修好通商条約を締結し、反対派を弾圧したが、1860 年の桜田門外の変で暗殺された。
　① 安藤信正　② 井伊直弼　③ 堀田正睦

解　答

問１：③　問２：①　問３：③　問４：①　問５：③　問６：①　問７：②

問８　欧米諸国との通商が開始したことによる社会の混乱から、天皇を擁し外国を追い出そうと考える（　　　　）が盛り上がった。

①　脱亜論　　②　尊王攘夷論　　③　啓蒙思想

問９　欧米諸国の強さを目の当たりにした（　　　　）は、坂本龍馬の仲介で同盟を結び、討幕をめざした。

①　紀伊藩と尾張藩　　②　松前藩と会津藩　　③　薩摩藩と長州藩

問10　（　　　　）により、幕府と朝廷を廃止し、天皇中心の新政府樹立が宣言された。

①　大政奉還　　②　戊戌の政変　　③　王政復古の大号令

解　答

問８：②　問９：③　問10：③

（　）問中（　）問正解

■ 次の問いを読み、問１～問５に答えよ。

問１　次の文章を読み、［A］に当てはまる語句を、次の①～④のうちから一つ選べ。

〈高認 H. 28-2 世・改〉

1837 年にアメリカ船モリソン号が浦賀に来た時、江戸幕府はこれを砲撃して追い返しましたが、1853 年にペリーが来航した際には砲撃しませんでした。その理由は、1840 年に中国で［A］がおこり、東アジアの大国だった清朝がイギリスに敗北したことに衝撃を受けた幕府が、欧米諸国を警戒するようになっていたからだと考えられます。

①　アヘン戦争　　②　キューバ危機　　③　五・四運動　　④　柳条湖事件

問２　太平天国について述べた文として適切なものを、次の①～④のうちから一つ選べ。〈高認 R. 2-2 世・改〉

① 三・一独立運動が行われた。
②「滅満興漢」が唱えられた。
③ 両税法が施行された。
④ 鉄血政策が進められた。

問３　次の文章を読み、［B］に当てはまる語句を、次の①～④のうちから一つ選べ。〈高認 R. 2-2 世・改〉

捕鯨は、鯨肉や鯨油を求めて、先史時代から世界各地で行われてきた。18 世紀にはアメリカ合衆国が太平洋での捕鯨を行うようになり、19 世紀には太平洋全域に進出した。しかし、当時の蒸気船では十分な燃料や食料を積み込むことができなかった。そのため、ペリーが日本と締結した［B］は、このような捕鯨船への燃料・食料・水の供給を日本が行うことを目的の一つとしていた。

①　ポーツマス条約　　②　下関条約
③　九カ国条約　　④　日米和親条約

問4　次の会話文を読み、 C D に当てはまる語句の組合せとして正しいものを、あとの①～④のうちから一つ選べ。〈高認 H. 2-2 日・改〉

生徒：8世紀末の遷都以来、天皇は基本的に京都で生活していたのですね。
先生：そうですね。幕府の法令で天皇は政治に関わらないことになっていましたが、この時期は孝明天皇の意志が政局を左右するようになっていました。
生徒：日本がアメリカとの貿易を進めるために新潟港などの開港を約束した C の締結後も D がすぐに開港されなかったのは、京都に近いからでしたね。

① C—日米和親条約　　D—兵庫
② C—日米和親条約　　D—長崎
③ C—日米修好通商条約　　D—兵庫
③ C—日米修好通商条約　　D—長崎

問5　孝明天皇の在位中のできごととして**適切でないもの**を、次の①～④のうちから一つ選べ。〈高認 R. 2-2 日・改〉

① 井伊直弼が朝廷の許可なく貿易に関する条約を結んだ。
② 公武合体政策により和宮降嫁が行われた。
③ 朝廷の意向を受けた幕府が攘夷を命じ、長州藩がそれを決行した。
④ 将軍徳川慶喜が朝廷に大政奉還の上表文を提出した。

解答・解説

問 1：①

②のキューバ危機は、1962 年にキューバへのミサイル基地配備をめぐってアメリカとソ連が対立した事件です。③の五・四運動は、1919 年にヴェルサイユ条約反対を掲げて中国で起こった大衆運動です。④の柳条湖事件は、1931 年に日本の関東軍が中国で起こした鉄道爆破事件です。

問 2：②

太平天国の乱のスローガンとして適切なのは②の「滅満興漢」です。義和団事件のスローガン「扶清滅洋」と混ざりやすいですが、意味は正反対なので気をつけましょう。①の三・一独立運動は 20 世紀に日本統治下の朝鮮半島で発生した運動です。③の両税法は 8 世紀の唐で始まった税制で、農民が土地を所有することを認め、その土地の面積・生産力に応じて課税されました。④の鉄血政策は 19 世紀プロイセンでビスマルクが推進した軍備拡張策です。したがって、正解は②です。

問 3：④

Bにはペリーと江戸幕府が結んだ日米和親条約が入ります。①のポーツマス条約は日露戦争の講和条約、②の下関条約は日清戦争の講和条約です。③の九か国条約は第一次世界大戦後、ワシントン会議で成立した列強諸国による中国支配に関する条約です。したがって、正解は④です。

問 4：③

Cについて、会話文中に「新潟港などの開港を約束した」とありますので、Cは日米修好通商条約であることが分かります。なお、他に開港した港として、神奈川・長崎・兵庫があります。なお、日米和親条約では、下田と箱館が開港されました。Dについて、会話文中に「京都に近い」とありますので、地理的な距離から兵庫であると推測できます。

問 5：④

不適切なものを選びます。①～③は、孝明天皇の在位中（1846 ～ 1866 年）の出来事です。④は孝明天皇の次に即位した明治天皇の在位中の出来事です。したがって、正解は④です。

4. 市民革命

この単元では、アメリカ独立革命とフランス革命の内容を説明します。現在の世界に見られるような市民社会の原理の実現に向けた社会の動きのことを市民革命といいます。

Hop｜重要事項

アメリカ独立革命

海外植民地の獲得を続けるイギリスは、18 世紀前半までに北アメリカに 13 の植民地を建設しました。イギリス本国は植民地に一定の自治を認めましたが、戦争によって発生した財政赤字を解消するために、植民地への課税強化を行いました。

アメリカにはもともとアメリカ原住民（ネイティブアメリカン）が住んでいましたが、17 世紀にイギリスからピューリタン（キリスト教カルヴァン派）が自由を求めて北アメリカに移住しました。その後も、イギリス系の移民は増加していきました。

《 課税強化の例 》

◉ 印紙法 …… 出版物や証書に印紙（税のひとつ）を貼るように定めた法律。植民地側は「代表なくして課税なし」として反発

◉ 茶法 …… イギリスからアメリカに免税で茶を輸出する特権を認める法律。これにより、ボストン茶会事件が発生した（植民地側がイギリス東インド会社のお茶を海に投げ捨てた事件）

アメリカ独立戦争

1774 年に植民地側は大陸会議を開いて本国に抗議しましたが、イギリスは態度を変えず、翌年には独立戦争がはじまりました。植民地側は 1776 年に独立宣言を決議し、内外に独立の意志を示しました。

1783 年に戦争が終結し、パリ条約で植民地の独立が承認されました。アメリカ合衆国は、独立宣言の理念に基づいて合衆国憲法を制定し（1787 年）、世界で初めての大統領制国家となりました。また、三権分立と、各州と中央政府の権力が分立する連邦制を樹立しました。

フランス革命

革命前のフランスの政治・社会体制は、旧体制（アンシャン＝レジーム）と呼ばれる身分制社会でした。国王**ルイ 16 世**は、財政破綻を理由に特権身分への課税を計画しましたが、特権身分はこれに反対し、三部会を開きました。三部会では、第一身分・第二身分・第三身分の代表者が集まり話し合いを行いましたが、利害の対立によりなかなかまとまりませんでした。

【フランス旧制度の身分構造】

国王

第一身分
聖職者

第二身分
貴　族

（第一身分・第二身分）特権身分

第三身分
平民

しびれを切らした第三身分は**国民議会**を結成し、憲法ができるまで解散しないことを誓いました。これは球戯場（テニスコート）の誓いと呼ばれます。

《 革命の流れ 》

1789 年 5月：国民議会に対し、国王が弾圧（不当逮捕を繰り返す）
7月：第三身分が反撃し、バスティーユ牢獄を襲撃する
8月：封建的特権を廃止（有償であったため、農民のほとんどは解放されず）
国民議会は**フランス人権宣言**（人間と市民の権利の宣言）を採択し、人間の自由・平等、主権在民、言論の自由、私有財産の不可侵などが定められた

※この段階でも王は議会の決定を無視

10 月：ヴェルサイユ行進（パリ市民がヴェルサイユへ行進し、議会を無視する国王をパリに連れ帰る）

フランス革命後の政治

ヴェルサイユ行進の後、フランスでは 1791 年に人権宣言に基づく憲法が制定され、立法議会で政治が行われるようになりました。

この頃のフランス国内では、国王がオーストリアに逃亡しようとした事件があり、国王への不信が高まっていました。革命後に主導権を握っていた立憲君主主義のフイヤン派は支持を失うと、穏和な共和主義体制をとるジロンド派が政権につきました。

王権停止から共和政へ

フランス革命の波及を恐れたオーストリア・プロイセン連合軍がフランス国内に侵入すると、フランス各地から義勇兵が集まり、革命防衛のために立ち上がりました。義勇軍とパリ市民はテュイルリー宮殿を襲い、外国と通じたとして王を逮捕し、王権を停止させ、共和制へと移行しました。

王権停止後、男性普通選挙によって国民公会が成立します。ここでは急進共和主義のジャコバン派が権力を握ります。

《ジャコバン派の政治》

- ◉ マラー、ロベスピエール、ダントンらが中心
- ◉ ルイ 16 世を処刑
- ◉ ジロンド派を追放
- ◉ 封建的特権の無償廃止、最高価格令による物価統制 ➡ 農民や中小市民の支持を得る
- ◉ 公安委員会・保安委員会・革命裁判所による締め付け ➡ 恐怖政治

外交面ではベルギーの占領を行いました。この動きを警戒したイギリス首相ピットの提唱によって第 1 回対仏大同盟が組まれ、革命の拡大を恐れるヨーロッパ諸国が参加しました。

その後、恐怖政治への不満とジャコバン派の内部対立によってテルミドールのクーデタが発生し、ロベスピエールは処刑されました。

ナポレオンの大陸制覇

その後、フランスでは総裁政府が成立しましたが、不安定な政局が続きました。第 2 回対仏大同盟が結成される危機に瀕し、軍人**ナポレオン**が 1799 年にエジプトから帰国します。ナポレオンはブリュメール 18 日のクーデタによって 4 院制と 3 人の統領で構成される統領政府を樹立し、政治を執り行いました。

《ナポレオンの政治》

- ◉ 第一統領に就任（事実上の独裁者に）
- ◉ ナポレオン法典を制定 …… 私有財産の不可侵、法の前の平等、契約の自由を明文化し、フランス革命の成果を定着
- ◉ 1804 年：国民投票によって帝位につく ➡ ナポレオン１世の第一帝政がはじまる

《ナポレオンの外交》

◉ ナポレオンがオーストリアを破り、第２回対仏大同盟はイギリスのみとなる
➡ イギリスとフランス間でアミアンの和約を結び、ヨーロッパ諸国に一時平和が戻る

◉ 第３回対仏大同盟が結ばれる

・トラファルガーの海戦ではネルソン率いるイギリス海軍に敗北
・アウステルリッツの戦い（＝三帝会戦）でロシア・オーストリア連合軍を撃破
➡ 海上権はイギリスが掌握し、大陸権はフランスが掌握するというヨーロッパ内の秩序が完成

◉ ライン同盟（1806 年）…… 西南ドイツを支配下に置いて、神聖ローマ帝国を解体させる

ナポレオンの没落

1806 年に、ナポレオンは大陸封鎖令を発布してヨーロッパ諸国にイギリスとの通商を禁じてイギリスを封じ込めようとしました。ロシアがこれに違反してイギリスに食料を輸出したため、ナポレオンはロシアに遠征しましたが大敗します。これをきっかけに、1813 年に第 4 回対仏大同盟が結成されました。

第 4 回対仏大同盟との闘いのなかで、諸国民戦争（＝ライプチヒの戦い）で敗れたナポレオンはエルバ島に流されました。ヨーロッパ各国は領土配分のためにウィーン会議を開きましたが、なかなか結論が出ませんでした。この間にナポレオンはエルバ島からパリに戻り、ふたたびワーテルローの戦いでイギリス・プロイセンの連合軍と戦うも完敗し、エルバ島より遠いセントヘレナ島に流されました。

その後のフランスではルイ 18 世が即位し、ブルボン朝が復活します。

（　）問中（　）問正解

■ 各問の空欄に当てはまる語句をそれぞれ①～③のうちから一つずつ選びなさい。

問１　17 世紀よりイギリスからピューリタンが北アメリカへ移住をはじめ、18 世紀前半までに（　　　）を建設した。

① アメリカ合衆国　② アメリカ連合国　③ 13 植民地

問２　イギリスは北アメリカの植民地に茶法や印紙法などの税制を一方的に決定したため、植民地側は「（　　　）」として反発した。

① 欲しがりません勝つまでは

② 代表なくして課税なし

③ 無い袖は振れぬ

問３　ボストン茶会事件に対するイギリス本国の高圧的態度に、植民地は大陸会議をを開いて抗議し、1775 年に（　　　）がはじまった。

① アメリカ独立戦争　② 普仏戦争　③ 七年戦争

問４　フランス国王（　　　）は、財政破綻を理由に特権身分への課税を計画したが、特権身分はこれに反対し、三部会の召集を要求した。

① ルイ 14 世　② ルイ 16 世　③ アンリ４世

問５　フランス人権宣言では、人間の（　　　）が主張された。

① 保護主義　② 平和・共存　③ 自由・平等

問６　フランスで王権が廃止された後に権力を握った（　　　）はルイ 16 世を処刑し、恐怖政治を行った。

① ド＝ゴール　② ロベスピエール　③ フランコ

問７　フランスでは、1799 年にクーデタで総裁政府を打倒した軍人の（　　　）が独裁的な権力を掌握し、皇帝の地位についた。

① ラ＝ファイエット　② ド＝ゴール　③ ナポレオン

解　答

問１：③　問２：②　問３：①　問４：②　問５：③　問６：②　問７：③

問 8　「ナポレオン法典」では、私有財産の不可侵、法の前の平等、（　　　　）などを明文化した。

① 契約の自由　② 王政復古　③ 身分制度

問 9　1806 年に結成されたライン同盟によって、（　　　　）は実質的に滅亡した。

① サルデーニャ王国　② 神聖ローマ帝国　③ オスマン帝国

問 10　1806 年に、ナポレオンは（　　　　）を発布してヨーロッパ諸国にイギリスとの通商を禁じてイギリスを封じ込めようとした。

① 大陸封鎖令　② 王政復古の大号令　③ 戒厳令

問 8：①　問 9：②　問 10：①

（　）問中（　）問正解

■ 次の問いを読み、問１～問５に答えよ。

問１　イギリス本国からの課税に反対する植民地側の主張として適切なものを、次の①～④のうちから一つ選べ。

① 代表なくして課税なし
② なすにまかせよ
③ 人民の人民による人民のための政治
④ 国王は君臨すれども統治せず

問２　ナポレオンの行った事柄について述べた文として適切なものを、次の①～④のうちから一つ選べ。〈高認 H. 30-1 世・改〉

① 洋務運動を展開した。
② 東インド会社を設立した。
③ 社会主義者鎮圧法を制定した。
④ 大陸封鎖令を発した。

問３　ヨーロッパで寒波が続いていた 1810 年代に世界でおこった出来事について述べた文として適切なものを、次の①～④のうちから一つ選べ。〈高認 H. 29-2 世・改〉

① ドイツがソ連に侵攻し、独ソ戦が始まった。
② アメリカで、最初の大陸横断鉄道が開通した。
③ ナポレオン１世が、ロシア遠征に失敗した。
④ 日本が、シベリア出兵を行った。

問4　フランス革命に関連して、フランス革命前の社会を表した次の風刺画も参考にして、フランス革命前の社会の呼称と、その説明との組合せとして正しいものを、下の①～④のうちから一つ選べ。〈高認 R. 2-2 世・改〉

フランス革命前の社会の風刺画

	呼称	説明
①	ルネサンス	身分制の社会であった
②	ルネサンス	直接民主政治が行われた
③	旧制度（アンシャン＝レジーム）	身分制の社会であった
④	旧制度（アンシャン＝レジーム）	直接民主政治が行われた

問5　フランス革命について、革命中に採択された宣言と、その内容との組合せとして正しいものを、次の①～④のうちから一つ選べ。〈高認 R. 1-1 世・改〉

	宣言	内容
①	モンロー宣言（モンロー教書）	自由・所有・安全などの基本的人権や国民主権を唱えた。
②	モンロー宣言（モンロー教書）	ヨーロッパと南北アメリカとの相互不干渉を唱えた。
③	人権宣言（人間および市民の権利の宣言）	自由・所有・安全などの基本的人権や国民主権を唱えた。
④	人権宣言（人間および市民の権利の宣言）	ヨーロッパと南北アメリカとの相互不干渉を唱えた。

解答・解説

問１：①

イギリス本国からの課税に反対する植民地側の主張は「代表なくして課税なし」です。

問２：④

①について、洋務運動が行われたのは 19 世紀後半の清で、曽国藩らによって展開されたことから、不適切です。洋務運動とは、西洋の技術を導入することで、国力の増強を図った運動です。②について、東インド会社が相次いで設立されたのは、17 世紀初めのことで、ナポレオンが生きた 18 世紀から 19 世紀の出来事ではないので、不適切です。③について、社会主義者鎮圧法が制定されたのは、ビスマルクが主導していた 19 世紀後半のドイツなので、不適切です。ビスマルクは鉄血政策を展開したことでも有名です。④について、大陸封鎖令を発したのはナポレオンなので、適切です。大陸封鎖令は、イギリスの経済に打撃を与えて封じ込めるために発令されました。したがって、正解は④となります。

問３：③

①について、ドイツがソ連に侵攻して独ソ戦が始まったのは、第二次世界大戦期の 1941 年です。②について、アメリカで最初の大陸横断鉄道が開通したのは、1869 年です。③について、ナポレオン１世がロシア遠征を行ったのは、1812 年です。ロシア遠征は、ナポレオン１世が中心となって定めた大陸封鎖令をロシアが破ったため、行われました。④について、日本がシベリア出兵を行ったのは、1918 年のことです。シベリア出兵は、日本やイギリス、アメリカなどの列強によって、ロシア革命によるロシアの社会主義化を防ぐ目的で行われました。したがって、正解は③となります。

問４：③

①について、18 世紀にフランス革命がおきる前の身分制度をアンシャン＝レジームといいます。この風刺画はフランス革命前の税の負担をあらわしたもので、貴族と聖職者によって平民が押しつぶされている様子をあらわしており、身分制の世の中であったことがわかります。ルネサンスは 14 ～ 16 世紀の文化・芸術運動を指します。したがって、正解は③となります。

問５：③

フランス革命中に宣言されたのは人権宣言（人間および市民の権利の宣言）です。この人権宣言はラ＝ファイエットによって起草され、アメリカ独立宣言の内容も参考にしています。よって、宣言には「人権宣言（人間および市民の権利の宣言）」が入ります。次に、人権宣言では人間の自由と平等、所有権、言論の自由といった基本的人権に加え、国民主権が記されています。よって、内容には「自由・所有・安全などの基本的人権や国民主権を唱えた。」が入ります。なお、モンロー宣言（モンロー教書）は 1823 年に当時のアメリカ大統領モンローが発表したもので、ヨーロッパ諸国に対してアメリカ大陸とヨーロッパの相互不干渉を訴えるものでした。したがって、正解は③となります。

5. 19世紀のヨーロッパとアメリカ大陸

19世紀のヨーロッパでは、大陸を制したナポレオン戦争の処理として、新たな国際秩序の模索がはじまります。革命前の政治体制、つまり王による統治に戻す動きがありましたが、すでに広まっていた国民主義の思想に基づき、国民国家の形成が進展しました。

ウィーン体制

ナポレオンが大陸権を失った後、ウィーン会議が開かれ、ヨーロッパ各国の権利分配について話し合われました。これを主導したのはオーストリアの外務大臣**メッテルニヒ**です。この会議ではフランスの外務大臣タレーランが提唱した正統主義（フランス革命前の王朝と旧制度の復活）をベースにして話し合いが進められていきます。この新しいヨーロッパの国際秩序（ウィーン体制）の結果、自由主義運動は弾圧されていきました。

参考　ウィーン会議の主な合議内容

- ◉ロシア …… ロシア皇帝がポーランド王を兼ねる
- ◉オランダ …… オーストリア領ネーデルラント（ベルギー）を領有
- ◉オーストリア …… 北イタリアを得る
- ◉ドイツ …… 35の君主国と4自由都市からなるドイツ連邦成立（神聖ローマ帝国は復活せず）

ウィーン体制下で広がる自由主義

ウィーン体制下においても、ヨーロッパ各国では君主の権力を憲法で制限し、議会を開設して政治参加を実現しようとする自由主義運動がおこりました。これらは後にウィーン体制を揺るがすものとなります。また、市民革命やナポレオンの支配を通じて、同じ集団に属する人々が社会を築くという国民主義や民族主義の思想が広がりました。

- ◉同じ言語や文化をもつ人々が国境による分断を乗り越えてひとつにまとまろうとする民族主義の意識が高まる
- ◉国民主義や民族主義の高まりは、オスマン帝国からのギリシア独立運動などに見られた
  ※独立を実現したギリシアやベルギーに対して、ポーランドやアイルランド、北イタリア諸国のように独立運動が失敗した国もあった

ウィーン体制の崩壊とヨーロッパ各国の動向

19 世紀中頃にはヨーロッパの各地で独立運動がおこり、1848 年にはフランスの二月革命、ドイツの三月革命など自由主義やナショナリズムの運動も展開されました。こうした民衆の要求の高まりを受けて、ウィーン体制は崩壊しました。

フランス

フランスではブルボン家のシャルル 10 世によって王政復古し、貴族と聖職者を重用し議会を解散するなどの前時代的な政治を行いました。産業革命によって力をつけた資本家がこれに反発したことで、1830 年に**七月革命**がおこります。これによってシャルル 10 世は追放され、**ルイ = フィリップ**が即位し七月王政が成立しました。

> **参 考**
> ◉ ブルボン家 …… フランス絶対王政期の王の家系。ルイ 14 世が有名

七月王政は制限選挙と大資本家の利害に基づく政治であったため、中小資本家や労働者は不満をもち、1848 年に**二月革命**が発生します。この革命によって成立した臨時政府では共和主義者（資本家）と社会主義者（労働者ら）が対立し、男子普通選挙を実施した結果、社会主義者が大敗しました。これを不服とした社会主義者は六月蜂起と呼ばれる暴動をおこしました。

資本家・農民・労働者間の利害対立における調整者を装い国民に支持されたのが**ルイ = ナポレオン**です。彼は 1848 年に大統領に選出されると 1851 年にクーデタをおこして権力を握り、のちに**ナポレオン３世**として皇帝位につきます。ナポレオン３世はイタリア統一戦争やクリミア戦争へ介入し、インドシナ出兵など軍事的成功で権威を誇示しましたが、メキシコ出兵の失敗、1870 年の**普仏戦争**で大敗し捕虜となったことで皇帝から退くこととなりました。

> ルイ = ナポレオンは、ウィーン会議のきっかけをつくったあのナポレオン１世の甥です。伯父の人気も後押しして当選しました。ルイ = ナポレオンは国民の人気を維持するためにさまざまな政策を行っており、現在のパリやインフラの整備などをしています。

ナポレオン３世が権力を失った後、フランス国内ではティエールを首班とする臨時政府が成立し、普仏戦争の講和条約を結びました。講和条約の内容に反発したパリの民衆が蜂起して自治政府（**パリ = コミューン**。世界史上初の社会主義政権）を樹立しましたが、２ヶ月で鎮圧されています。

フランスの二月革命は、ヨーロッパ各地に影響を与えました。
【ドイツ・オーストリア】
三月革命がおこる→メッテルニヒはイギリスに亡命→ウィーン体制崩壊
【ハンガリー・ベーメン・イタリア】
民族運動がさかんになるが、オーストリア軍によって鎮圧
【ドイツ】
憲法制定とドイツ統一をめざすが失敗

ドイツの統一

ドイツ連邦では統一と自由を求める運動が発生し、**プロイセン**を中心に統一を進めていきました。プロイセン王**ヴィルヘルム１世**は、**ビスマルク**を首相に任命して武力による統一をめざし、軍備を拡張しました。これを**鉄血政策**といいます。プロイセンはオーストリアを**普墺（ふおう）戦争**で破り（1866 年）、プロイセンを盟主とする北ドイツ連邦を結成しました。1870 年の**普仏戦争**でも勝利し炭鉱地帯のアルザス・ロレーヌ両州を獲得し、1871 年にヴィルヘルム 1 世を皇帝として**ドイツ帝国**を成立させ統一を完成させました。

イギリス

イギリスでは、17 世紀の名誉革命以降議会制が定着し、1860 年代には保守党と自由党の**二大政党制**が成立しました。その中で、教育法（1870 年）、労働組合法（1871 年）の制定など重要な改革が実現しました。また、1880 年代までの一連の選挙法改正で、都市労働者や農業労働者も有権者になり、男性普通選挙に近づきました。

19 世紀半ばから後半にかけて、イギリスは「パクス＝ブリタニカ」と呼ばれる最盛期を迎え、インドなどの植民地から富がもたらされたほか、自由貿易体制のもとでラテンアメリカも影響下に置きました。一方、一部の植民地は自治権を獲得し、自治領となりました。

イタリア

イタリアは中世以来分裂状態でしたが、ウィーン会議以降カルボナリの反乱民族の統一と独立を求める民族運動がおきました。南部では**青年イタリア**出身の**ガリバルディ**が両シチリア王国を占領します。北部の**サルデーニャ王国**はヴィットーリオ＝エマヌエーレ 2 世が自由主義者の**カヴールを**首相に任命し、ナポレオン 3 世との秘密同盟を結んでオーストリアと戦いました。そののちの 1860 年にガリバルディが両シチリア王国をサルデーニャ王に謙譲し、イタリア王国が成立しました。

イタリア王国は 1860 年に併合されなかった場所も含めた統一をめざして動き続けました。1866 年の**普墺戦争**でヴェネツィアを併合し、1870 年の**普仏戦争**でローマ教皇領を占領したことによって「未回収のイタリア」を除き、イタリアの統一が完成しました。

ロシア

1853 ～ 56 年にキリスト教徒保護問題からオスマン帝国と開戦した**クリミア戦争**に敗北し、パリ講和条約を結びました。皇帝**アレクサンドル 2 世**はロシアの後進性を実感し改革を実施しました。そのひとつが 1861 年の**農奴解放令**で、農奴の人格的自由と土地の所有を認めています。工業化も進んでいきますが、専制政治の体制や身分制度は残りました。

クリミア戦争では、蒸気機関を備えた軍艦を主力とするイギリスとフランスがオスマン帝国側についたため大敗しました。1856年のパリ条約で、ロシアは黒海の中立化を受け入れることになります。ロシアはクリミア戦争の敗北により、近代化の必要性を強く感じました。

1863 年にポーランドの反乱後ふたたび専制政治が強化され、都市のインテリゲンツィア（知識人階級）はさらなる改革を志し、“**ヴ＝ナロード**”（人民の中へ）というスローガンをかかげて農村に入り込みましたが失敗に終わりました。インテリゲンツァにテロリズム（暴力主義）やニヒリズム（虚無主義）が広まり、アレクサンドル 2 世をはじめ、高官が暗殺されるなど混乱が続きます。

1877 年に発生した露土戦争ではトルコのキリスト教徒殺害を口実にして開戦し勝利し、サン＝ステファノ条約を結びました。しかし、この条約にイギリスとオーストリアが反対し、ビスマルクの調停によって 1878 年**ベルリン会議**が開かれます。ここでサン＝ステファノ条約は破棄され、新たに**ベルリン条約**が結ばれました。

参考 ベルリン条約の内容

ロシアはセルビア、モンテネグロ、ルーマニアの独立と、ブルガリアの自治を認めた。オーストリア＝ハンガリー帝国がボスニア・ヘルツェゴビナの行政権を獲得し、ロシアはわずかの領土を得るにとどまり、南下は失敗した

【19 世紀後半のヨーロッパ】

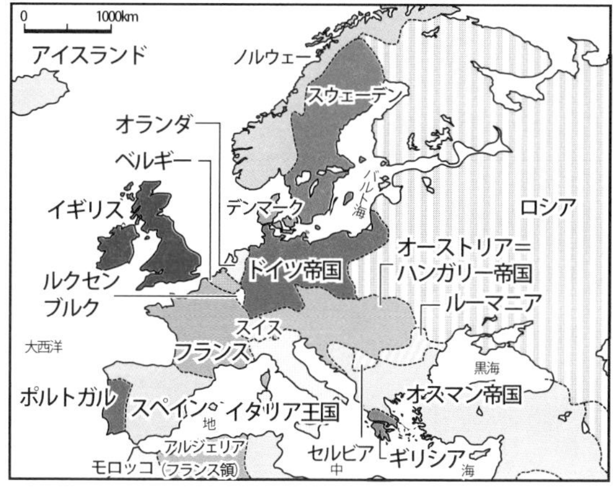

アメリカ大陸の動向

18世紀末までは、多数のヨーロッパ人がアメリカ大陸に入植しましたが、それよりはるかに多くの黒人奴隷がアフリカから送られていました。19世紀はじめに奴隷貿易がヨーロッパ各国で禁止されると、アメリカ大陸への移民はヨーロッパ系がほとんどを占めるようになりました。

ラテンアメリカ諸国

スペインとポルトガルの植民地であったラテンアメリカでは、クリオーリョ（入植者の子孫で、富裕な地主階層）が本国の支配・統制に不満をもち、独立をめざすようになりました。ヨーロッパでは、ナポレオンがスペインとポルトガルに侵攻し、両国の政治体制が大きく動揺したことが、独立運動を後押しすることになりました。スペインの植民地では、**ボリバル**らが独立運動で活躍しました。

イギリスは、ラテンアメリカ諸国の独立運動を支援し、アメリカ合衆国はモンロー宣言を発して、南北アメリカ大陸とヨーロッパの相互不干渉を唱えました。こうして、ラテンアメリカ地域では1830年までにカリブ海諸島を除くほぼ全域が独立しました。

アメリカ合衆国

アメリカ合衆国の北部では産業革命を実現し綿工業が発達していましたが、南部では奴隷制に基づく綿花栽培が経済を支えていました。北部を中心とする奴隷制反対派が共和党を結成して、**リンカン**を大統領に当選させると、南部諸州はアメリカ連合国を結成し、そこから**南北戦争**（1861～65年）がはじまりました。

戦争開始当初は、南部が優勢でしたが、リンカンが奴隷解放宣言を発して、国際世論に訴え、工業力にも優れていた北部が勝利しました。

関連用語

◉ モンロー宣言 …… アメリカ大統領モンローが発表した、アメリカはヨーロッパの内政には干渉しないという声明

Step｜基礎問題

（　）問中（　）問正解

■ 各問の空欄に当てはまる語句をそれぞれ①～③のうちから一つずつ選びなさい。

問1　ナポレオンが大陸権を失った後、戦後処理のために（　　　）が開かれた。
① ウィーン会議　② ヴェルサイユ会議　③ パリ会議

問2　ウィーン会議は、オーストリアの外務大臣（　　　）の主導で行われた。
① メッテルニヒ　② タレーラン　③ ルイ＝フィリップ

問3　1848年、フランスの二月革命の後に大統領に選出され、1851年にクーデタをおこして皇帝位についた人物は（　　　）である。
① ルイ16世　② ルイ＝フィリップ　③ ルイ＝ナポレオン

問4　ドイツとの講和に反対するフランスの社会主義者が、パリ市民を指導して樹立した社会主義政権を（　　　）という。
① パリ＝コミューン　② パリ共和政府　③ パリ人民政府

問5　プロイセンの首相となり、武力による統一をめざした人物は（　　　）である。
① カヴール　② ティエール　③ ビスマルク

問6　（　　　）出身のガリバルディは両シチリア王国を占領し、1860年にサルデーニャ王に謙譲した。
① サルデーニャ王国　② 青年イタリア　③ トリエステ

問7　ロシアはキリスト教徒保護問題から、1853～1856年に（　　　）でオスマン帝国と戦うが敗北した。
① タンネンベルクの戦い　② クリミア戦争　③ プレヴェザの海戦

問1：①　問2：①　問3：③　問4：①　問5：③　問6：②　問7：②

問 8　クリミア戦争敗北後のロシアでは、（　　　　）が「上からの近代化」を進め、1861 年には農奴解放令を発布した。

①　ヴィルヘルム１世　　②　イヴァン６世　　③　アレクサンドル２世

問 9　ラテンアメリカ地域のスペインの植民地では、（　　　　）らが独立運動で活躍した。

①　ボリバル　　②　ガンディー　　③　ゲバラ

問 10　19 世紀のアメリカ合衆国において、北部を中心とする奴隷制反対派と奴隷制にもとづく綿花栽培を行っていた南部による（　　　　）がおこった。

①　独立戦争　　②　西南戦争　　③　南北戦争

解　答

問 8：③　問 9：①　問 10：③

（　）問中（　）問正解

■ 次の問いを読み、問１〜問５に答えよ。

問１　1810 年代の世界のようすについて述べた文として適切なものを、次の①〜④のうちから一つ選べ。〈高認 H. 30-2 世・改〉

① 朱元璋が、明を建国した。
② 神聖ローマ帝国では、三十年戦争が発生した。
③ コロンブスが、大西洋を横断した。
④ ウィーン会議が開かれ、ヨーロッパの秩序の回復が論議された。

問２　サルデーニャ王国によるイタリア統一運動を主導した同国の宰相を、次の①〜④のうちから一つ選べ。〈高認 H. 30-1 世・改〉

①

カヴール

②

アフガーニー

③

ミケランジェロ

④

シモン＝ボリバル

問３　ルイ＝フィリップに関連して、この国王の時代のフランスのようすについて述べた文として適切なものを、次の①～④のうちから一つ選べ。

〈高認 H. 29-2 世・改〉

① イングランド国王がフランス王位の継承権を主張して、戦争が始まった。
② 宗教戦争（ユグノー戦争）が終結し、国内の安定が築かれた。
③ クリュニー修道院が改革運動をおこした。
④ 中小市民や労働者は、選挙権の拡大を求めていた。

問４　南北戦争中にアメリカ合衆国でおこった出来事について述べた文として適切なものを、次の①～④のうちから一つ選べ。〈高認 H. 30-1 世・改〉

① ハンザ同盟が結成された。
② ドレフュス事件がおこった。
③ 奴隷解放宣言が出された。
④ 十四カ条の平和原則が出された。

問５　アメリカ合衆国で 19 世紀に行われた演説が次の資料である。この演説をした人物と、演説についての説明との組合せとして正しいものを、下の①～④のうちから一つ選べ。〈高認 H. 29-1 世・改〉

> …われわれの祖先は、自由を胸にいだき、すべての人は平等につくられているとの信条に身をささげ、この大陸に新しい国家を建設したのであります。今やわれわれは、一大国内戦争に従事して、…この国に、神のめぐみのもと、自由の新しき誕生をもたらし、また、人民の、人民による、人民のための政府が、この地上より消滅することのないようにすべきであります。

	人物	説明
①	ホメロス	南北戦争中に行われた演説である。
②	ホメロス	ペロポネソス戦争中に行われた演説である。
③	リンカン	南北戦争中に行われた演説である。
④	リンカン	ペロポネソス戦争中に行われた演説である。

解答・解説

問1：④

①について、朱元璋が明を建国したのは1368年のことなので、不適切です。白蓮教徒による紅巾の乱の影響で衰退した元に代わって建国されました。②について、神聖ローマ帝国で三十年戦争が発生したのは1618年なので、不適切です。三十年戦争は、ボヘミアでのプロテスタントの反乱がきっかけとなって戦争が起こりました。この戦争の講和条約であるウェストファリア条約は重要なので、おさらいしておきましょう。③について、コロンブスが大西洋を横断したのは1492年なので、不適切です。この大航海時代での成果によって、アメリカ大陸での奴隷の酷使が始まりました。④について、ウィーン会議が開かれたのは、1815年なので、適切です。この会議は正統主義を唱えたメッテルニヒが中心となって行われ、四国同盟や神聖同盟など多くの同盟が結ばれました。したがって、正解は④となります。

問2：①

①のカヴールは、19世紀半ばのイタリア統一運動の主導者で、統一されたイタリア王国の初代首相なので、適切です。②のアフガーニーは、19世紀に活躍したパン＝イスラーム主義者なので、不適切です。③のミケランジェロは、16世紀のルネサンス期に活躍した芸術家なので、不適切です。彼の作品に「ダビデ像」などがあります。④のシモン＝ボリバルは、19世紀初めの南米諸国のスペインからの独立運動に大きな影響を与えた人物なので、不適切です。したがって、正解は①となります。

問3：④

①について、イングランド国王がフランス王位の継承権を主張して起こった戦争は、百年戦争です。また、百年戦争は、フランスのヴァロワ朝が勝利し、シャルル7世のもと、フランス全土を統一しました。②について、プロテスタント（ユグノー）とカトリックの間で起こった宗教戦争（ユグノー戦争）が終結したのは、1598年で、アンリ4世がナントの勅令を定め、プロテスタントにも信仰の自由を認めたことで終結しました。③について、クリュニー修道院が改革運動を起こしたのは、10世紀初めで、ベネディクト戒律を守ることと、禁欲主義の回復を目指して行われました。④について、中小市民や労働者が選挙権拡大を求めた運動をチャーティスト運動と言います。また、チャーティスト運動が起こった1830年ごろは、ルイ＝フィリップが自由主義的な七月王政を行っていました。したがって、正解は④となります。

問４：③

①について、ハンザ同盟が結成されたのは、11 世紀や 12 世紀など中世後期のドイツなので、不適切です。この同盟は商人たちの利益を守ることを目的とした都市同盟です。②について、ドレフュス事件が起こったのは 1894 年のフランスなので、不適切です。ドレフュス事件とは、当時フランス陸軍の大尉だったドレフュスがスパイ容疑で逮捕された事件のことです。③について、奴隷解放宣言が出されたのは南北戦争中の 1862 年のアメリカなので、適切です。この宣言は、当時の大統領で北部側だったリンカンによって発表されました。④について、十四ヵ条の平和原則が出されたのは第一次世界大戦後の 1918 年のアメリカなので、不適切です。この平和原則は、当時のアメリカ大統領のウィルソンによって発表されました。したがって、正解は③となります。

問５：③

ホメロスは、古代ギリシャの吟遊詩人で、『イリアス』や『オデュッセイア』を著しました。リンカンは、19 世紀半ばに起こった南北戦争期のアメリカの大統領で、ゲティスバーグ演説を行った人物です。また、南北戦争とは、19 世紀にアメリカで勃発した、奴隷制を継続させようとする南側と、奴隷制に反対する北側で対立した戦争です。ペロポネソス戦争とは、紀元前 5 世紀に起こった、アテネを中心とするデロス同盟と、スパルタを中心とするペロポネソス同盟の戦争です。この戦争は、スパルタの勝利によって終結しました。したがって、正解は③となります。

6. 明治維新と日本の諸改革

この単元では、19世紀後半よりはじまる日本の明治時代初期の事柄について学習していきます。明治維新における諸改革から富国強兵、初期の外交という一連の流れで見ていきましょう。

Hop｜重要事項

明治新政府の樹立

日本は 1867 年に王政復古の大号令が出されたことで、天皇を中心とした新政権が誕生しました（p. 44 参照）。新政権誕生にあたり、これまで政権を担っていた徳川幕府軍との間に戊辰戦争がおこりましたが、戦争が行われている間も新政府（明治政府）は着々と新しい政策を進めていきました。幕末（江戸時代末期）からの尊王思想の高まりもあり、1867 年の王政復古の大号令のもと、天皇親政を強調しました。

《 政府の基本方針 》

- ◉ 五箇条の誓文 …… 公議世論の尊重、開国和親
- ◉ 五榜（ごぼう）の掲示 …… 君臣・父子・夫婦間の儒教的道徳、キリスト教の禁止

新政府は旧幕府軍との戦いを行いながら、新しい政策も進めていったのですね。明治時代は、政治権力が幕府（武士政権）から天皇に移り変わり、さまざまな改革を行っていきます。

参 考 戊辰戦争

旧幕府軍と新政府軍（明治政府軍）との間におこった戦争。徳川慶喜を擁する旧幕府勢力は、大坂から京都へ軍を進めたが、鳥羽・伏見の戦いで新政府軍に敗れた。慶喜は兵を残したまま江戸に戻り、旧幕府勢力と新政府の交渉により、江戸城は無血開城となった。その後、外国の武器を積極的に用いた新政府により旧幕府勢力は徐々に追い詰められ、1869 年に箱館で旧幕府勢力が敗れると、内乱は終結し、国内は新政府軍によって統一された

中央集権国家への転換

江戸時代の日本では、各地域を藩主という有力者が支配していました。そこで明治新政府は中央集権国家をめざすために、1869年に版籍奉還、1871年に廃藩置県を行いました。江戸末期からの一連の改革のことを明治維新と呼びます。

- ◉ 版籍奉還 ……「版」とは版図（土地）で「籍」とは戸籍（領民）を指す。これまで藩が支配していた土地と領民を天皇に還し奉ること
- ◉ 廃藩置県 …… 今まであった藩を廃して新たに府・県を置くというもの

旧大名（知藩事）は罷免。中央政府から府知事・県令が派遣される（中央集権化）

富国強兵

明治政府は近代化が進んだ欧米列強に追い付こうと、経済力や軍事力の強化をめざしました。「富国強兵」のスローガンのもと、さまざまな政策が行われていきます。

- ◉ 殖産興業政策 …… 政府が運営する官営模範工場を設立し、産業の近代化をめざした政策。生糸の工場である富岡製糸場が有名
- ◉ 徴兵制 …… 満20歳に達した男子に対して、1873年に徴兵令が制定された
- ◉ 通貨 …… 円・銭・厘に統一（新貨条例）
- ◉ 紙幣統一のため、1882年に日本銀行を設立（国立銀行条例）
- ◉ 交通 …… 新橋・横浜間に鉄道を敷設
- ◉ 通信 …… 郵便制度の発足、電信や電話の整備
- ◉ 産業技術 …… 内務省を設立し、産業技術の国内普及に努める
- ◉ 北方開発 …… 蝦夷地を北海道に改称後、開拓使を置いて開発を進めた。士族を屯田兵として移住させ、北方警備と開拓にあたらせた

地租改正

江戸時代まで税は主に米で納められていましたが、米の収穫は天候に左右されるため税収が不安定でした。そこで明治政府は、納税方法を金納に変更し、税収の安定化をめざしました。

地租改正では地主に地券を交付し、その土地の所有権を認めました。そして、土地に地価を定めてその３％を地租としましたが、これは従来の年貢と同じ重い負担となったため、西南戦争直前に2.5％に引き下げられました。

文明開化

明治政府は、富国強兵のため積極的に西洋文化を取り入れることに努めました。これにより、国民の生活様式も変わっていき、江戸時代の和服が洋服となり、ちょんまげがざんぎり頭となりました。食事の面においても、牛乳、牛肉、パンなどの飲食も登場してきました。また、ガス灯の設置や人力車が使われはじめたのも明治時代初期のことです。このように積極的に西洋文明を取り入れようという風潮を文明開化といいます。

《文明開化に関する重要事項》

- ◉ 横浜毎日新聞 …… 1871 年に発刊された日本最初の日刊新聞
- ◉ 明六社(めいろくしゃ) …… 1873 年に森有礼(もりありのり)の発議で設立された。封建思想の排除と近代思想の普及に努めた啓蒙的思想団体で、福沢諭吉らが参加
- ◉ 学制 …… すべての子どもを小学校で学ばせる方針のもとに 1872 年に公布され、就学率は次第に上昇した

士族の反乱

明治政府が行った**廃刀令**や**秩禄処分**(ちつろくしょぶん)などの改革により、特権を失った士族が不満をもち、主に西日本で反乱をおこしましたが、政府により鎮圧されました。また、征韓論を否決されて政府を去った西郷隆盛(さいごうたかもり)が中心となっておこした西南戦争が鎮圧されると、武力による政府への反乱は収まりました。

関連用語

- ◉ 秩禄処分 …… 廃藩置県後、士族は政府より秩禄（給料）の支給を受けていたが、財政難を理由に廃止された
- ◉ 西郷隆盛 …… 元薩摩藩士。江戸時代末に薩長同盟を結び、討幕派として活動した。明治政府では各政策を進めることに尽力したものの、征韓論に敗れて政府を去り（下野）、西南戦争で戦死した
- ◉ 征韓論 …… 鎖国中の朝鮮を武力で開国させようという主張。内治優先派の反対で実現しなかった
- ◉ 西南戦争 …… 1877 年におこった、士族と明治政府の戦い。西郷軍は鹿児島に追い詰められ、西郷隆盛も自害した。これにより、徴兵された兵士の強さも実証され、不平士族の反乱も収まった

自由民権運動

第一段階　民権運動のはじまり

板垣退助（いたがきたいすけ）は西郷隆盛と同じく、征韓論を否決されて下野した人物です。板垣は1874年に民撰議院設立建白書（みんせんぎいん）を政府に提出し、国会の開設を求めました。その後、各地で立憲政治への関心が高まり、自由民権運動が展開されました。

板垣は民権運動を行う政治結社として立志社をつくり、1875年には全国の政治結社をむすぶ組織として愛国社が結成されました。愛国社は1880年に国会期成同盟と名称を改め、民権運動はさらに拡大します。しかし、自由民権運動に対して、政府は弾圧を加えていきました。

◉ 讒謗律（ざんぼう）・新聞紙条例 …… 政府を攻撃する新聞や文書を弾圧する法律。1875年に制定された

◉ 集会条例 …… 1880年に国会期成同盟が結成され、自由民権運動が拡大したことにより制定された。自由な集会・結社を禁じる法律

明治政府は、かつての薩摩藩と長州藩出身の人々が中心となって政治を行っていました。そのような状況を見て、板垣退助は、国民の選挙によって選ばれた代表者により政治を行う場である「国会」の開設を訴えたのです。

第二段階　民権運動の展開と国会開設の勅諭（ちょくゆ）

自由民権運動が盛り上がりを見せるなか、政府側も憲法と国会は近代国家に必要不可欠であるという認識をもっていました。政府の間では、早期に国会を開設すべきとする大隈重信（おおくましげのぶ）と、時期尚早とする伊藤博文（いとうひろぶみ）との間で意見が分かれていました。そのようななかで、開拓使官有物払下げ事件がおこり、政府は国会開設の約束をするに至ります（国会開設の勅諭）。

関連用語

◉ 開拓使官有物払下げ事件 …… 政府が開発した鉱山や鉄道を、北海道の開拓使長官であった黒田清隆（きよたか）が民間に安く払下げようとして問題となった事件。世論の政府批判をかわすために、政府は国会開設の勅諭を出し（1881年）、国会を1890年に開設することを表明した

およそ10年後に国会が開設する約束がなされ、民権派の動きは活発化します。この頃、政党の結成が進み、民間から憲法の草案が作成されました。開拓使官有物払下げ事件に関わり政府を罷免された大隈重信も立憲改進党をつくり、国会開設に備えました。

◉ 自由党 …… 板垣退助によって結成された政党（1881年結成）
◉ 立憲改進党 …… 大隈重信によって結成された政党（1882年結成）

第三段階　民権運動の激化と衰退

国会開設の勅諭が出された頃、民衆は松方財政によるデフレ政策により困窮状態にありました。困窮した農民がおこした秩父事件により、自由民権運動は勢いを失います。

関連用語

◉ 政党 …… 同じ政治的目的をもつ者が集まって組織される政治団体
◉ 憲法 …… 国家の統治に関する根本的な原則を定めた法
◉ 松方デフレ …… 西南戦争により資金不足となった政府が紙幣を増刷し、世の中は物価が上がるインフレ状態となった。それを収束させるために大蔵卿の松方正義（まさよし）はデフレ政策を行い成功を収めるが、デフレにより物価が下がることで農家などは商品の売り値が下がり、困窮状態となった

困窮した農民は、実力行使も辞さないとする激化事件をおこしました。秩父事件は最大の事件で、約１万の農民が困民党をつくり、役所を襲撃しています。鎮圧には軍隊が動員されました。

第四段階　憲法成立と国会開設

自由民権運動は秩父事件により勢いを失いましたが、国会開設の時期が近づいてくると、ふたたび民権派が結束し、大同団結運動を行いました。この頃、井上馨（かおる）外相の条約改正交渉が失敗したことを受け（p. 83参照）、三大事件建白運動に発展しました。それに対して政府は1887年に保安条例を出し、東京から民権派を追放しました。1889年、ついに大日本帝国憲法が制定され、1890年には帝国議会が開かれました。

参考　大同団結運動と三大事件建白運動

大同団結運動とは分裂状態の民権派の集結を図った運動で、星亨（ほしとおる）と後藤象二郎（ごとうしょうじろう）が中心となった。
三大事件建白運動では、地租軽減、言論・集会の自由、外交失策の挽回を政府に要求した

大日本帝国憲法の制定

明治時代初期は、太政官（だじょう）に国家権力を集中させ、参議とよばれる実力者の合議によって重要事項を決定していました。政府は立憲政治をはじめるにあたり、1885年に内閣制度を創設し、初代内閣総理大臣には**伊藤博文**が就任しました（第一次伊藤博文内閣）。

また、憲法を制定するにあたり、政府はさまざまな準備を進めていました。伊藤博文はドイツで憲法の理論を学びました。その後、伊藤を中心に起草された憲法案は枢密院で審議され、1889年2月11日に**大日本帝国憲法**（明治憲法）が発布されました。

《大日本帝国憲法》

- ◉ 1889年2月11日発布
- ◉ 欽定（きんてい）憲法（天皇が定めた憲法）
- ◉ 天皇は神聖不可侵。陸海軍の統帥権は内閣から独立し天皇に直属
- ◉ 議会として貴族院と衆議院の二院を設置

関連用語

- ◉ 枢密院（すうみつ）…… 天皇の最高諮問機関
- ◉ 帝国議会 …… 大日本帝国憲法のもとに開かれた議会の名称

第一回衆議院総選挙

大日本帝国憲法のもと、帝国議会には貴族院と衆議院という話し合いの場が置かれました。1890年に最初の衆議院議員総選挙が行われ、衆議院の過半数を反政府の立場をとる民党（立憲自由党と立憲改進党）が占めました。そのため、当時総理大臣であった黒田清隆（きよたか）首相は、自身が以前から唱えていた「政党は無視してしまえ」という**超然主義**で民党に対抗しました。

内閣制度がはじまり選挙も行われましたが、薩摩と長州出身の政府側が強い権力をもっており、従来の政策を維持しようとしていました。また、選挙権は満25歳以上の男性、国税15円以上の納税者のみに与えられ、その人数は全人口比のわずか1.1％でした。

Step │基礎問題

（　）問中（　）問正解

■ 各問の空欄に当てはまる語句をそれぞれ①～③のうちから一つずつ選びなさい。

問 1　1867 年に王政復古の大号令が出されたことで、旧幕府軍と新政府軍（明治政府軍）との間で（　　　　）がおこった。

① 文明開化　② デモクラシー　③ 戊辰戦争

問 2　明治政府は、新政府の指針として（　　　　）を公布した。

① 王政復古の大号令　② 大政奉還　③ 五箇条の誓文

問 3　明治政府が中央集権化を進めるうえで行われた、藩が所有していた土地や人民を天皇に返還する政策を（　　　　）という。

① 廃藩置県　② 版籍奉還　③ 秩禄処分

問 4　1871 年に新政府は（　　　　）を強行し、旧大名であった知藩事をやめさせて東京に居住させ、中央から府知事・県令を派遣した。

① 廃藩置県　② 版籍奉還　③ 秩禄処分

問 5　廃藩置県後に士族に支給されていた給料は（　　　　）で廃止され、士族の不満の高まりは反乱につながった。

① 廃藩置県　② 版籍奉還　③ 秩禄処分

問 6　板垣退助は 1874 年に（　　　　）を政府に提出し、国会の開設を求めた。

① 私擬憲法　② 国会開設の勅諭　③ 民撰議院設立建白書

問 7　各地で立憲政治への関心が高まったことを背景におきた、言論による政府批判の運動を（　　　　）という。

① 自由民権運動　② 部落解放運動　③ 護憲運動

問1：③　問2：③　問3：②　問4：①　問5：③　問6：③　問7：①

問８　1874年、板垣退助は片岡健吉らとともに政治結社（　　　　）をつくり、自由民権運動を進めた。

① 全国水平社　② 明六社　③ 立志社

問９　開拓使官有物払下げ事件がおこったことで、政府は（　　　　）で国会開設の約束をした。

① 制朝論　② 内征論　③ 国会開設の勅諭

問10　1885年に内閣制度が創設され、初代内閣総理大臣には（　　　　）が就任した。

① 黒田清隆　② 伊藤博文　③ 大隈重信

解　答

問８：③　問９：③　問10：②

（　）問中（　）問正解

■ 次の問いを読み、問１～問５に答えよ。

問１　戊辰戦争の間に行われたできごととして**適切でないもの**を、次の①～④のうちから一つ選べ。〈高認 H. 30-2 日・改〉

① 朝廷と幕府が連携し政局を安定させるため、将軍の妻に天皇の妹が迎えられた。
② 天皇が神々に誓う形で、新政府の方針が示された。
③ 天皇一代につき、一つの元号を使用し元号を変更しないことを定めた。
④ 民衆の守るべき心得が、新政府によって示された。

問２　大政奉還の上表について、次の資料は、この時の上表文の一部である。空欄 A B に当てはまる語句の組合せとして適切なものを、下の①～④のうちから一つ選べ。〈高認 R. 1-2 日・改〉

資料（意訳してある）

この国の歴史的沿革を考えますと、天皇による政治がくずれ、藤原氏の摂関政治、保元・平治の乱をへて、政権は武家にうつりました。その後、わが家の祖である家康の時に A から格別な待遇をあたえられ、二百年余りにわたって子孫が政権を受け継いできました。…（中略）…こうして私の時代に至りましたが、時流にあわないことも少なくなく、まして最近は外国との交際も日に日に盛んになっており、対外的にもいよいよ権力が B いなければ、国家の秩序を保つことはできません。そこで、従来の古い習慣を改め、政権を A に返し、広く天下の議論を尽くし、同心協力してこの国を守っていけば、必ず海外諸国と並び立つことができるでしょう。

① A：朝　廷　B：分立して　　② A：朝　廷　B：一本化されて
③ A：幕　府　B：分立して　　④ A：幕　府　B：一本化されて

問３　明治新政府の殖産興業政策の具体的な成果を示す例として最も適切なものを、次の①～④ のうちから一つ選べ。〈高認 R. 1-2 日・改〉

① 蕃書調所　② 八幡製鉄所
③ 富岡製糸場　④ 南満州鉄道株式会社

問４　自由民権運動をへて議会が開設されるまでの政治について述べた次のア～ウを年代の古い順に正しく並べたものを、下の①～④のうちから一つ選べ。〈高認 R. 2-1 日・改〉

ア 福島県令三島通庸による道路工事の強制に対し、自由党員らが反対運動を展開した。
イ 政府は讒謗律や新聞紙条例を制定し、言論で政府を攻撃する民権派を弾圧した。
ウ 地租の軽減、言論・集会の自由、外交失策の挽回を掲げて民権派が政府を追及した。

① ア→イ→ウ　② ア→ウ→イ　③ イ→ア→ウ　④ イ→ウ→ア

問５　初期議会のころの説明として最も適切なものを、次の①～④のうちから一つ選べ。〈高認 H. 28-2 日・改〉

① 藩閥勢力を基盤とする人物と政党を基盤とする人物とが交互に内閣を担当した。
② 内大臣が首相となることに対して、「閥族打破・憲政擁護」を掲げた運動が全国に広がった。
③「政費節減・民力休養」を主張する民党に対して、藩閥政府は超然主義の立場で臨んだ。
④ 衆議院の多数を占める政党が内閣を組織する「憲政の常道」が慣例となった。

解答・解説

問1：①

戊辰戦争は 1868 ～ 1869 年に起きた江戸幕府軍と明治政府軍の戦いです。江戸時代最後の年＝明治時代最初の年にはじまったことを覚えておきましょう。①の公武合体運動は 1861 年、②の五カ条の誓文は 1868 年、③の一世一元の詔は 1868 年でこの年（慶應 4 年）を明治 1 年とするとともに天皇一代に元号一つという一世一元の制を定めました。④の五榜の掲示は 1868 年に太政官が立てた立て札です。

問2：②

Aの周辺の文を読んでみましょう。「わが家の祖である家康の時にAから特別な待遇を与えられ…」とあります。家康は朝廷から征夷大将軍の位を与えられて江戸幕府を開いています。また、大政奉還によって政権は幕府から朝廷に移ることとなります。Bについても前後の文を見てみます。「最近は海外との交際も日に日に盛んになっており、対外的にもいよいよ権力がBいなければ」とあります。大政奉還があった前後関係からして、権力は「一本化」するという選択肢が適切であると考えられます。

問3：③

フランスから機械を輸入して操業されたのは③の富岡製糸場です。富岡製糸場では生糸（シルク）の生産を行っていました。①蕃所調所は 1856 年に発足した江戸幕府直轄の洋学研究教育機関です。②の八幡製鉄所は 1901 年に操業を開始した官営の製鉄会社です。④の南満州鉄道株式会社は 1906 年に設立された中国東北部の鉄道会社です。

問4：③

アは 1882 年の福島事件で、三島通庸が会津から新潟・山形・栃木につながる会津三方道路の工事のための増税を打ち出したのに対し自由党員が中心となって反発し逮捕されたものです。イの讒謗律は人を誹謗する文書や行為を取り締まるもの、新聞紙条例は犯罪や国家転覆を扇動する記事の掲載を禁じたもので 1875 年に発布されました。ウの三大事件建白運動は 1887 年の出来事です。

問5：③

初期議会と呼ばれる第一議会～第六議会は 1890 年の国会開設～ 1894 年の日清戦争開戦までの議会を指します。①について、松方正義・伊藤博文が交互に首相をつとめたのは 1891 ～ 1898 年です。②について、「閥族打破・憲政擁護」を掲げたのは 1912 ～ 1913 年の第三次桂太郎内閣のころに起きた第一次護憲運動です。④憲政の常道が慣例になったのは 1924 年の加藤高明内閣からです。

7. 明治期の日本の国際関係

この単元では、江戸時代に結んだ不平等条約の改正、そして日清戦争と日露戦争とそれぞれの講和条約などを学習します。とくにそれぞれの出来事がどの年代におこったのかを意識して見ていきましょう。

Hop｜重要事項

明治初期の外交

清と朝鮮との対外関係

日本は清との間に日清修好条規（じょうき）を結び、両国は対等な関係で国交をもつかたちとなりました（1871年）。一方、朝鮮は鎖国政策をとっており、日本と清との間では朝鮮の開国をめぐる対立がおきていました。

1875年に日本は江華島（こうかとう）事件で朝鮮側を挑発し、1876年に日朝修好条規を結ぶことで朝鮮を開国させました。

参考　江華島事件
1875年に日本の軍艦が朝鮮の江華島で挑発行為を行ったため、朝鮮側が発砲した。それに対する報復として日本が朝鮮を攻撃した事件。この結果、日朝修好条規が結ばれた

日本の国境と琉球処分

日本は、北に位置するロシアとの国境について、樺太（からふと）・千島（ちしま）交換条約を結びました。また、南では小笠原諸島の領有や沖縄県設置など、明治初期には日本と他国との国境線が引かれていきました。

◉ 琉球処分 …… 琉球は日本と清の二重統治を受けていたが、日本は1872年に現在の沖縄に琉球藩を置いた。さらに、琉球民が台湾で殺害された事件を機に軍隊を派遣し、琉球の領有を主張した（台湾出兵）。1879年には琉球藩を廃止し、沖縄県を設置した

◉ 樺太・千島交換条約 …… 1875年にロシアとの間で結ばれた条約。樺太はロシア、千島列島は日本が領有することが決められた

条約改正

日本が江戸時代に結んだ日米和親条約（1854年）と日米修好通商条約（1858年）は、欧米に対して日本が不利である不平等条約でした。欧米諸国と対等な関係をめざし、明治初期より不平等条約の改正に向けて動き出しました。まず、条約改正に乗り出したのは岩倉使節団です。p. 84の年表を参考にしながら、条約改正までの流れを見ていきましょう。

《 不平等条約の内容 》

◉ 日米和親条約 ➡ 一方的な最恵国待遇
◉ 日米修好通商条約 ➡ 領事裁判権（治外法権）・関税自主権なし
※イギリス・オランダ・ロシア・フランスとも同様の条約を結び、安政の五か国条約と呼ばれた

岩倉使節団

明治政府は、1871年に岩倉具視（ともみ）を大使とする岩倉使節団をアメリカとヨーロッパに約2年間にわたり派遣しました。条約改正の目的は果たせず失敗に終わりましたが、欧米の進んだ制度や文化など、さまざまな学びを得て帰国しました。

井上馨（かおる）の改正交渉

井上馨は、条約改正のうえで欧米諸国が日本を文明国であると認識することが重要だと考えました。そこで、鹿鳴館（ろくめいかん）という西洋風の社交場をつくって外国の要人を接待し、極端な欧化主義の外交方針をとりました。しかし、外国人を被告とする裁判では半数以上の外国人判事を採用するということが判明し、批判を受け辞任しました。

井上馨のときにノルマントン号事件がおこり、領事裁判権の撤廃に大きな関心が集まりました。さらに、条約改正上の失策も重なり、p. 75の三大事件建白運動へとつながっていきます。

関連用語

◉ ノルマントン号事件 …… 1886年、イギリス貨物船ノルマントン号が沈没し、イギリス人船員は全員救助されたが、日本人乗客は全員死亡した事件。領事裁判権が撤廃されていなかったため、イギリス人船長は裁判で禁錮3か月という非常に軽い刑となった

陸奥宗光の改正交渉

1894 年、イギリスと日英通商航海条約を結び、領事裁判権の撤廃と相互対等の最恵国待遇に成功しました。その後、他国とも同様の条約が結ばれました。このときにイギリスが条約改正に積極的になった理由は、イギリスが清にもつ権益をロシアから守る役割を日本に期待したという点があります。

小村寿太郎の改正交渉

日本は日露戦争(p. 86 参照)に勝利し列強の仲間入りを果たしました。その結果として、1911 年に日米通商航海条約の改正の実現に至り、ついに関税自主権の回復に成功します。

参考　条約改正に関する年表

年代	担当者	出来事
1871～1873	岩倉具視	岩倉使節団が欧米へ派遣される。相手にされず交渉中止。欧米諸国の視察となる
1873～1879	寺島宗則	不平等条約の改正について、アメリカの同意を得るがイギリスとドイツの反対により無効
1879～1887	井上馨	鹿鳴館外交に代表される極端な欧化主義により、交渉を進めるが、外国人判事の採用が判明し失敗
1888～1889	大隈重信	大審院に外国人判事の任用が判明し、玄洋社の青年に爆弾を投げつけられ、右脚を失い辞任
1889～1891	青木周蔵	イギリスが好意的となり、条約改正に成功しそうなところまでいったが、大津事件の責任をとり辞任
1892～1895	陸奥宗光	1894 年に日英通商航海条約に調印。領事裁判権の撤廃、相互対等の最恵国待遇に成功
1908～1911	小村寿太郎	1911（明治 44 ）年に関税自主権の回復に成功。ついに欧米列国と対等の地位となる

条約改正に成功したのは、陸奥宗光外相と小村寿太郎外相のときです。つまり、明治政府が誕生してから44年もかかって、ようやく欧米列強諸国と対等の地位を得ることができました。

日清戦争

日本と清との間では、朝鮮に対する主導権をめぐる対立がおこっていました。朝鮮で起こった壬午軍乱（1882年）や甲申事変（1884年）の際には、日本と清の両国は朝鮮に出兵し、内政や外交に対する干渉を強めていきました。

1894年、朝鮮国内で東学を信仰する農民たちが大規模な反乱をおこしました（**甲午農民戦争**）。この反乱を朝鮮政府は鎮圧することができず、清国軍に救援を頼むと日本側も朝鮮に出兵し、**日清戦争**がはじまりました。戦いは日本が勝利を重ね、清は講和を申し出ました。

《下関条約》

- ◉ 清は朝鮮を独立国として認める
- ◉ 遼東半島と台湾および澎湖諸島を日本に割譲する
- ◉ 賠償金２億両を支払う
- ◉ 清の長江沿岸都市を開港する

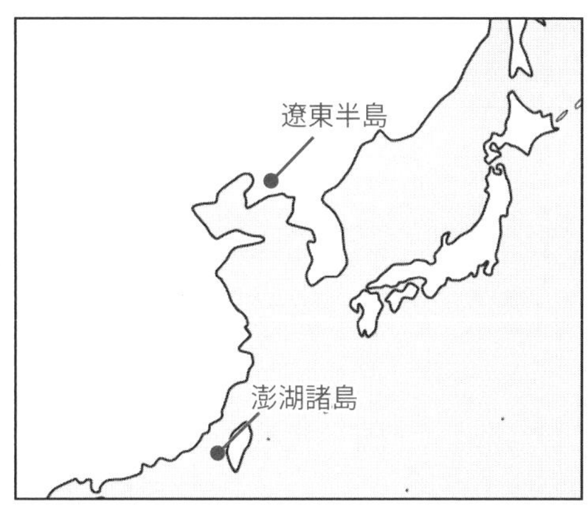

三国干渉と中国分割

日本は日清戦争に勝ち､下関条約によって遼東半島を得ることになりました。しかし、東アジアへの進出をめざすロシアは、フランスとドイツを誘って、遼東半島を清に返還するよう要求しました。これを三国干渉といいます。結局、日本は清に遼東半島を返還することになりました。

日清戦争により弱体化が明らかとなった清には、列強諸国が進出していきました。清は日本への賠償金の支払いのために欧米諸国から金を借り、それと引き換えに欧米に対して租借地や鉄道の敷設権を認めていき、次第に中国は分割されていきました。

関連用語

◉ 租借地 …… ある国が一定の条件のもとで、他国に領土の一部を貸し与えること。租借地では、租借した国が統治権をもつことができる

日露戦争

日本は三国干渉により遼東半島を清に返還しましたが、その遼東半島の南部をロシアが租借しました。ロシアが清に対する影響を強めていくなか、日本は同じようにロシアを警戒するイギリスと 1902 年に日英同盟を結びました。日本国内では開戦論と非戦論双方の立場からの意見があがりましたが、日本政府はロシアに強硬な態度をとり、1904 年には日露戦争がおこりました。

《日露戦争発生までの流れ》

義和団（宗教的武装集団）が「扶清滅洋（ふしんめつよう）」を唱えて反乱をおこす（1900 年:義和団の乱）
清の政府はこれに便乗し、列強に宣戦布告

清は列強８か国の連合軍に敗北（北清事変）。北京議定書を結ぶ

ロシア軍が東三省（満州）に残留し、日本との対立が深まる

1904 年、日露戦争がおこる

日露戦争の戦局は日本が優勢で進んでいきましたが、多額の戦費をまかなうための増税や他国からの借金により日本の国力は疲弊し、ロシアでも革命が頻発し混乱状態にありました。そこで、アメリカ大統領セオドア＝ローズヴェルトが間に立ち、ポーツマス条約が結ばれました。

《　ポーツマス条約　》

- ◉ ロシアは日本の韓国に対する保護権を認める
- ◉ ロシアは日本の旅順（りょじゅん）・大連（だいれん）（遼東半島南部）の租借権、南樺太の領有権を認める
- ◉ ロシアは日本の東清鉄道南満州支線（南満州鉄道）の利権を認める

ここで「韓国」という名前が出てきましたが、朝鮮は1897年に大韓帝国（韓国）と国名を改めています。日清戦争後に支配を強める大日本帝国に対抗し、改名されました。

関連用語

◉ 日比谷焼き打ち事件 …… ポーツマス条約でロシアから賠償金を得られなかったことを不服として、数万の民衆が暴徒化した事件

日露戦争後の日本

日清戦争と日露戦争で勝利を収めた日本は韓国の保護国化を図りました。1905 年に桂（かつら）・タフト協定を結び、アメリカから韓国保護国化の承認を得ます。そして、韓国に統監府を置き、徐々に植民地化を進めていきました。

《 韓国併合の流れ 》

1906 年：日本は満州に進出 …… 半官半民の南満州鉄道株式会社を設立した
1907 年：ハーグ密使事件 …… 韓国は万国平和会議で日本による韓国保護化に抗議したが、列国は韓国の訴えを無視
1910 年：韓国併合 …… 伊藤博文がハルビンで韓国の安重根（あんじゅうこん）に暗殺されたのを機に韓国併合条約を結び、韓国を植民地とした

日本の産業革命

明治政府は殖産興業を進めながら近代産業を育成し、1880 年代半ば以降は、機械技術を用いる産業を発達させました。明治時代初期の産業は製糸や紡績による軽工業が中心でした。そして、下関条約で得た賠償金により、重工業中心へと転換していきました。

《 明治時代の経済産業 》

◉ 明治初期、輸出産業の中心は軽工業（生糸など）
◉ 1881 年：日本鉄道会社（民間）が設立される　※日露戦争後に国有化が進む
◉ 1882 年：渋沢栄一らによって大阪紡績会社が設立される
◉ 日清戦争で得た賠償金で、金本位制に移行。官営の八幡製鉄所も設立された
◉ 日露戦争後、造船技術が発達する
◉ 財閥の誕生（四大財閥 ➡ 三井・三菱・住友・安田）

関連用語

◉ 軽工業 …… 生糸や綿糸など、重量が軽いものを生産する工業
◉ 重工業 …… 鉄や船など、重量が重いものを生産する工業
◉ 製糸業 …… 繭から生糸を生産する工業
◉ 紡績業 …… 綿花から綿糸を生産する工業
◉ 金本位制 …… 金（きん）の保有量に応じて通貨を発行する制度。通貨と金の交換比率が決められているため、通貨の価値を担保することができる。多くの欧米列強が取り入れていた
◉ 財閥 …… 同族による出資で設立された、大きな経済力をもつ企業。貿易や金融、運輸など多角的な経営で市場を独占した

労働運動の発生

産業革命の発生と資本主義の成立、重工業の発展を通して、明治時代では賃金労働者が増えていきました。この頃の労働者の労働環境は劣悪で、15 ～ 18 時間という長期労働時間に加え、賃金も低いものでした。このような状況を改善したいという声も増えていき、1890 年代にはストライキをはじめとする労働運動が発生しました。

また、公害問題もおこりました。栃木県の足尾（あしお）銅山の鉱毒が渡良瀬（わたらせ）川流域に広まり、深刻な健康被害が発生しました。栃木の政治家である田中正造（しょうぞう）は、この**足尾鉱毒事件**の解決に奔走（ほんそう）しました。

社会主義運動の発生

日清戦争後、資本主義社会で生じた資本家と労働者との格差の是正をめざす社会主義と呼ばれる思想が広がりましたが、社会主義は政府によって厳しく弾圧されていきました。1901 年に日本初の社会主義政党である社会民主党が結成されましたが、すぐに解散させられてしまいました。また、1910 年には**大逆（たいぎゃく）事件**がおこり、社会主義者 12 名が冤罪（えんざい）により死刑判決を受けました。

関連用語

◉ 大逆事件 …… 天皇暗殺を企てたとして、社会主義者が検挙された事件

Step | 基礎問題

（　）問中（　）問正解

■ 各問の空欄に当てはまる語句をそれぞれ①～③のうちから一つずつ選びなさい。

問 1　鎖国政策をとっていた朝鮮に対し、日本は（　　　　）をおこして日朝修好条規を結び、朝鮮を開国させた。

① 甲申事変　② 江華島事件　③ 甲午農民戦争（東学の乱）

問 2　清と日本の二重統治を受けていた琉球に対し、日本は（　　　　）を行い琉球の領有を主張した。

① 甲申事変　② 江華島事件　③ 台湾出兵

問 3　明治政府は江戸時代の終わりに結ばれた不平等条約改正をめざし、1871 年に（　　　　）を大使とする使節団を欧米に派遣した。

① 岩倉具視　② 井上馨　③ 小村寿太郎

問 4　陸奥宗光外相のときに（　　　　）が調印され、治外法権の撤廃に成功した。

① 日英通商航海条約　② 日米修好通商条約　③ 日清修好条規

問 5　1894 年、朝鮮国内で甲午農民戦争が発生したことをきっかけに（　　　　）がおこった。

① 日清戦争　② 日露戦争　③ 日中戦争

問 6　日清戦争後、ロシア・フランス・ドイツによる（　　　　）によって、日本は清国に遼東半島を返還した。

① 三国同盟　② 三国干渉　③ 三国協商

問 7　ロシアが清に対する影響力を強めていくなかで、日本は（　　　　）を結ぶことでロシアに対抗した。

① 日中共同声明　② 日英同盟　③ 日ソ中立条約

問 1：②　問 2：③　問 3：①　問 4：①　問 5：①　問 6：②　問 7：②

問8　日露戦争の講和条約である（　　　　）が結ばれたことで、ロシアは日本の韓国に対する保護権を認めた。

① ヴェルサイユ条約　② ポーツマス条約　③ 天津条約

問9　伊藤博文がハルビンで安重根に暗殺されたのをきっかけとして、1910年に日本は（　　　　）併合を行った。

① 沖縄　② 韓国　③ 台湾

問10　1910年、天皇暗殺を計画したという理由で、無政府・社会主義者が有罪となる（　　　　）がおこった。

① 福島事件　② 大逆事件　③ 二・二六事件

解　答

問8：②　問9：②　問10：②

( )問中( )問正解

■ 次の問いを読み、問１～問５に答えよ。

問１　日清修好条規の内容について述べた文ア・イの正誤の組合せとして正しいものを、下の①～④のうちから一つ選べ。〈高認 H. 29-1 日・改〉

ア　清国は朝鮮国が完全な独立国であることを認めた。
イ　日本と清国が相互に領事裁判権を認めあうなど，対等な立場で結ばれた。

① ア―正　イ―正　② ア―正　イ―誤
③ ア―誤　イ―正　④ ア―誤　イ―誤

問２　1900 年から 1906 年の間に行われた、列強の連合軍と清国との戦争について、その戦争の名称と、終戦後に結ばれたとり決めの組合せとして正しいものを、下の①～④のうちから一つ選べ。〈高認 R. 2-1 日・改〉

戦争の名称　ア　アヘン戦争
　　　　　　イ　北清事変
終戦後に結ばれたとり決め　ウ　南京条約
　　　　　　エ　北京議定書

① ア―ウ　② ア―エ　③ イ―ウ　④ イ―エ

問３　以下の説明文を読み、A B に当てはまる語の組合せとして正しいものを次の①～④のうちから一つ選べ。〈高認 R. 2-2 日・改〉

この具体的な政策とは A を指している。この時期、B が適用されたノルマントン号事件をきっかけに、日本国民の間に不平等条約への不満が高まっていった。

① A―極端な欧化政策　B―領事裁判権
② A―極端な欧化政策　B―関税自主権
③ A―朝鮮半島に対する積極的な外交政策　B―領事裁判権
④ A―朝鮮半島に対する積極的な外交政策　B―関税自主権

問４　以下の説明文を読み、 C ・ D に当てはまる語の組合せとして正しいものを次の①～④のうちから一つ選べ。〈高認 R. 2-2 日・改〉

> この風刺画は日露戦争における国際関係を描いたものである。 C は中国の利権を奪われることを恐れて日本の背中を強く押している。一方、遠くから眺めているように見える D は、講和条約締結の仲介を行うなど日本に協力的な態度を示した。

① C：ドイツ　D：フランス　② C：ドイツ　D：アメリカ
③ C：イギリス　D：フランス　④ C：イギリス　D：アメリカ

問５　日露戦争に関連するできごとについて、次のア～ウの文を年代の古い順に正しく並べたものを、下の①～④のうちから一つ選べ。〈高認 H. 30-2 日・改〉

ア　日本に対し、ロシア・ドイツ・フランスが遼東半島を清に返還するよう要求した。
イ　イギリスの清に対する権益と日本の清や韓国に対する権益を相互承認する同盟を調印した。
ウ　清への列強進出に対して、清国内の宗教結社や民衆が反発する事件がおこった。

① ア→イ→ウ　② ア→ウ→イ　③ イ→ア→ウ　④ イ→ウ→ア

解答・解説

問1：③

日清修好条規は日本と清の間で締結された対等な条約です。これによって日清間の国交が開かれました。アについて、日清修好条規では朝鮮についての決まりはありません。イについては正しい記述なので、③が正解です。

問2：④

1900年から1906年の間に発生した清と列強諸国の戦争は1900年の北清事変（＝義和団事件）です。終戦後には、北京議定書が結ばれました。もうひとつの選択肢のアヘン戦争は1840年にインドで製造したアヘン（麻薬）を中国に輸出しようとしたイギリスと、それを禁じた清の間でおきた戦争で、その講和条約として結ばれたのが南京条約です。

問3：①

ノルマントン号事件とは、1886年にイギリス汽船が和歌山県沖で沈没した際に船長とイギリス人らが脱出し、日本人が全員溺死した事件です。この事件で、イギリス人船長は領事裁判権により非常に軽い刑となりました。このときに不平等条約の改正に当たっていた井上馨は極端な欧化政策を行っていました。

問4：④

日本が日露戦争に踏み切った理由の1つに、日英同盟の締結があります。よって、Cにはイギリスが当てはまります。Dについて、日露戦争の講和条約（ポーツマス条約）の締結を仲介したのは、アメリカのセオドア＝ローズヴェルト大統領です。

問5：②

アの三国干渉は日清戦争後1895年、イの日英同盟は1902年です。一次同盟の時の秘密交渉で日本はロシアとの戦争に臨む方針を伝え、イギリスは中立的立場をとることを約束しました。ウの義和団事件は1900年です。

8. アジア諸国の民族運動と立憲革命

この単元では中国とインドを中心としたアジアの民族運動について学習していきます。列強諸国の支配を受けた国々がどのように自らの国を取り戻そうとしたのか、順を追って整理していきましょう。

Hop｜重要事項

中国での民族運動

清は義和団の乱（p. 86 参照）の後、近代化に向けてさまざまな政策を行いました。清は 1908 年に憲法大綱を発表し、8 年後の国会開設を公約しますが、民衆の不満は収まりませんでした。やがて人々は、清朝を倒して漢民族の国家をつくるために革命に向けて動き出しました。

辛亥革命

孫文は 1905 年に中国同盟会を結成し、「民族の独立・民権の伸張・民生の安定」からなる三民主義をうたい、1911 年に辛亥革命をおこします。これによって清朝が事実上崩壊し、孫文は臨時大統領となりました。

1912 年に中華民国の建国が宣言されると、清の宣統帝溥儀の退位を条件に袁世凱が臨時大総統につきました。孫文は国民党を結成し 1913 年の選挙で圧勝するも、袁世凱は国民党を弾圧し解散させてしまいます。

東南アジアの民族運動

欧米列強が進出していた東南アジアでも、独立をめざした民族運動がおこりました。

- ◉ インドネシア …… オランダからの独立をめざし、独立運動がおこったが、オランダに弾圧された
- ◉ ベトナム …… フランスからの独立をめざし、ドンズー（東遊）運動がおこった

関連用語

- ◉ ドンズー（東遊）運動 …… 日本の学問や技術を学ばせることを目的に、日本への留学を進めた運動。ファン＝ボイ＝チャウらが中心となった

インドの民族運動

インドにはイギリスが進出しており、その影響力を強めていました。1857 年に、東インド会社のインド人傭兵によるシパーヒーの反乱がおこると、イギリスはインド支配を強化し、1877 年にイギリス領インド帝国を成立させました。インド皇帝は、イギリスのヴィクトリア女王が兼任しました。このようななか、19 世紀後半からイギリスの支配を批判し、政治的自由を要求する運動がさかんになりました。

《イギリスの対応》

1885 年：見かけ上の平和的支配を維持するために、インド国民会議を開く
1905 年：インド国内の内部対立をおこすためのベンガル分割令を出す

《 国民会議派の対応 》

抵抗

英貨排斥（えいかはいせき）・スワデーシ（国産品愛用）・スワラージ（自治獲得）・民族教育の４綱領を決議

危機感を抱いたイギリスは親英的な団体として全インド＝ムスリム連盟を組織させ、国民会議派やヒンドゥー教徒らと対立させました。

インドはヒンドゥー教徒とイスラム教徒の対立を抱えていたので、イギリスはこれを利用して反英運動を分断させようとしたのですね。

関連用語

◉ ベンガル分割令 …… インドのベンガル州の西にはヒンドゥー教徒、東にはイスラム教徒が多いことから、ベンガルを東西に分割することで反英運動の分断を狙った法令

参考　インド大反乱とムガル帝国滅亡

シパーヒーがイギリスに対し反乱をおこしたことをきっかけに、大規模な反英運動に展開した（インド大反乱）。反乱軍はムガル皇帝を擁立したが、インド皇帝はイギリスに捕らえられ、皇帝位を剥奪（はくだつ）された（ムガル帝国の滅亡）。また、インド大反乱の責任から、イギリスは東インド会社のインド統治権を剥奪し、イギリス本国の統治下に置いた

西アジアの民族運動

オスマン帝国

オスマン帝国はギリシア独立、エジプト＝トルコ戦争の敗北などにより、19 世紀以降に弱体化していきました。危機感をもったオスマン帝国は改革や革命を経て、立憲制を実現していきます。

1839 年：タンジマート（恩恵改革）を行い西洋化をめざすが、社会は逆に混乱し財政破綻により失敗
1876 年：宰相ミドハト＝パシャによって民主的なミドハト憲法発布
1878 年：露土戦争をきっかけに、憲法と議会が一時停止
1908 年：憲法の復活と議会再開を求め、青年トルコ革命がおこる ➡ 立憲制を実現

関連用語

◉ タンジマート …… ムスリム・非ムスリムにかかわらず平等であることを認めた。また、近代的な軍隊や法の支配など、西洋化改革を行った
◉ ミドハト憲法 …… 宗教を問わず、オスマン帝国内での人々の平等を認めた民主的憲法で、議会の設置についても明記された。しかし、アブデュル＝ハミト２世は議会の政治批判につながるとして露土戦争を理由に憲法を停止した
◉ 青年トルコ革命 …… アブデュル＝ハミト２世の圧政に対しておこった改革。日露戦争で日本がロシアに勝利したことに刺激を受け、トルコの青年将校が挙兵し、翌年にアブデュル＝ハミト２世を退位させた

ミドハト憲法はアジア初の憲法なんですよ！　日本が明治時代に大日本帝国憲法をつくる際にも参考にされています。

Step │基礎問題

（　　）問中（　　）問正解

■ 各問の空欄に当てはまる語句をそれぞれ①～③のうちから一つずつ選びなさい。

問1　孫文は 1911 年に（　　　　）をおこし、中華民国の建国が宣言された。
① 青年革命　② 第一革命　③ 辛亥革命

問2　1912 年に中華民国の建国が宣言されると、（　　　　）が臨時大総統についた。
① 孫文　② 袁世凱　③ 溥儀

問3　20 世紀初頭のベトナムでは、フランスからの独立をめざして（　　　　）が行われた。
① 変法運動　② 洋務運動　③ 東遊運動

問4　ベトナムの独立運動を進めた人物は（　　　　）である。
① ファン＝ボイ＝チャウ　② ホセ＝リサール　③ ウラービー

問5　1857 年、インド人傭兵による（　　　　）をきっかけに、イギリスはイギリス領インド帝国を成立させた。
① デカブリストの反乱　② ウラービーの反乱　③ シパーヒーの反乱

問6　イギリス支配に対するインドの政治的自由の要求を受け、イギリスは平和的支配を目的に（　　　　）を行った。
① インド国民会議の結成
② 全インド＝ムスリム連盟の結成
③ スワデージ

問7　イギリスはインドの抵抗に対して（　　　　）を結成した。
① インド国民会議　② 全インド＝ムスリム連盟　③ スワデージ

問1：③　問2：②　問3：③　問4：①　問5：③　問6：①　問7：②

問８　19 世紀後半、オスマン帝国は（　　　　）によって西洋化をめざした。
① 青年革命　② タンジマート（恩恵改革）　③ 辛亥革命

問９　1976 年、オスマン帝国では民主的な（　　　　）が発布されたが、露土戦争をきっかけに一時停止された。
① スターリン憲法　② ヴァイマル憲法　③ ミドハト憲法

問 10　1908 年、オスマン帝国で憲法の復活と議会再開を求めた（　　　　）がおこり、立憲制が実現された。
① 青年トルコ革命　② 十月革命　③ 辛亥革命

解　答

問８：②　問９：③　問10：①

( )問中( )問正解

■ 次の問いを読み、問１～問５に答えよ。

問１　日露戦争の時期に東京で中国同盟会を結成した人物を、次の①～④のうちから一つ選べ。〈高認 H. 30-2 世・改〉

①

朴正熙

②

ホセ＝リサール

③

孫　文

④

ナセル

問２　1912 年に建国された中華民国において孫文率いる国民党を弾圧し解散させた人物と、その人物が臨時大統領に就く条件になったものの組み合わせとして適切なものを、次の①～④から一つ選べ。

	国民党を解散させた人物	条件
①	袁世凱	林則徐を広州に派遣
②	袁世凱	皇帝溥儀の退位
③	蔣介石	皇帝溥儀の退位
④	蔣介石	林則徐を広州に派遣

問３　イギリスがインドの政治的自由を要求する運動を押さえるために設立した、実質上なんの権限も持たない組織の名称として適切なものを、次の①～④のうちから一つ選べ。

① インド国民会議
② 全インド＝ムスリム同盟
③ サレカット＝イスラーム
④ 東インド会社

問４　日本について、岩倉使節団が派遣される前の日本のようすについて述べた文として適切なものを、次の①～④のうちから一つ選べ。〈高認 R. 1-1 世・改〉

① 日清戦争で、清を破った。
② 日本国憲法が制定された。
③ 国際連合に加盟した。
④ 日米修好通商条約を結んだ。

問５　19 世紀の朝鮮のようすについて述べた文として適切なものを、次の① ～④のうちから一つ選べ。〈高認 H. 28-2 世・改〉

① アジア＝アフリカ会議が開かれ、反植民地主義が唱えられた。
② 金大中が南北首脳会議を実現した。
③ 江華島事件をきっかけに、日朝修好条規が結ばれた。
④ 司馬遷が『史記』を著した。

解答・解説

問 1：③

①について、朴正熙は 20 世紀後半の韓国の大統領なので不適切です。朴正熙の娘に、韓国の元大統領の朴槿恵がいます。②について、ホセ＝リサールはフィリピンの独立に大きな影響を与えた人物なので、不適切です。彼はヨーロッパに 2 度留学しており、独立への影響力の大きさから、フィリピンでは「国民的英雄」と呼ばれていました。③について、孫文は 1905 年に中国同盟会を結成した人物なので適切です。彼は、1911 年に辛亥革命を起こし、翌年には中華民国を建国しました。④について、ナセルはエジプトの元大統領なので不適切です。彼はスエズ運河の国有化を宣言した人物で、第二次中東戦争（スエズ戦争）ではイギリスやフランスと戦いました。したがって、正解は③となります。

問 2：②

辛亥革命を経て建国された中華民国で 1913 年の選挙では、孫文率いる国民党が圧勝しました。これを弾圧し解散させたのは袁世凱です。袁世凱は清の最後の皇帝溥儀は皇室の優遇と満州人と漢人の平等な待遇を条件に退位しました。誤った選択肢の蔣介石は孫文亡き後の国民党の指導者、林則徐が広州に派遣されたのはアヘン戦争前のできごとです。

問 3：①

インド国民会議には何の権限もなく、しかもこの会議に集められたのはイギリスに協調的な人々でした。

問４：④

岩倉使節団が派遣されたのは、明治時代初期の 1871 年です。①について、日清戦争で清を破ったのは 1894 年から 1895 年のことなので、岩倉使節団の派遣よりも後の出来事です。日清戦争の講和条約である下関条約では、朝鮮国が独立国であることを認めさせ、２億両の賠償金や遼東半島、台湾などを獲得しました。②について、日本国憲法が制定されたのは 1946 年のことなので、岩倉使節団の派遣より後の出来事です。日本国憲法は国民主権・平和主義・基本的人権の尊重の三つを柱としています。③について、国際連合に加盟したのは 1956 年のことなので、岩倉使節団の派遣よりも後の出来事です。日本は、1952 年にサンフランシスコ平和条約を、1956 年に日ソ共同宣言を結んだ後に国際連合に加盟しました。④について、日米修好通商条約を結んだのは 1858 年のことで、岩倉使節団の派遣よりも前の出来事なので、適切です。この条約によって、横浜や長崎、兵庫などが開港し、領事裁判権が認められ、日本の関税自主権が失われました。したがって、正解は④となります。

問５：③

①アジア＝アフリカ会議は 1955 年にインドネシアのバンドンで開催されました。②南北首脳会談は 2000 年と 2007 年に行われています。④司馬遷が「史記」を著したのは紀元前 90 年です。

第 2 章

変化する世界秩序と大衆化

下の世界地図は、第２章で登場する国々や地域をおおまかに示した概要地図です！　学習しながら、ときどきこのページに戻って国や地域の位置を確認しましょう！

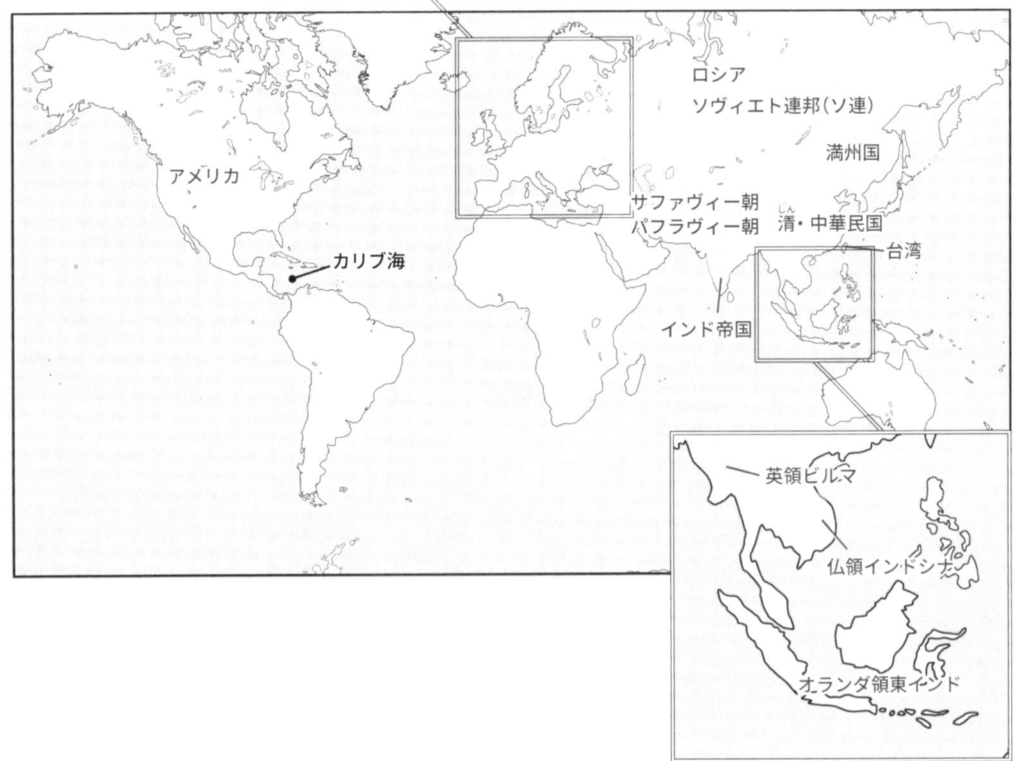

1. 第一次世界大戦

第一次世界大戦は複雑な国際関係と民族対立が原因でおこりました。20世紀初頭のヨーロッパの状況と、それにからむ日本のアジアでの動向について学習しましょう。

ヨーロッパの国際関係とバルカン半島

20世紀初頭のヨーロッパでは、ドイツとイギリスを中心に積極的な植民地獲得政策に乗り出し、対立していました。

ドイツのヴィルヘルム２世はベルリン・ビザンティウム・バグダードを結ぶ３Ｂ政策を実施し、1882年にオーストリアとイタリアと三国同盟を結びました。

イギリスはカイロ・ケープタウン・カルカッタを結ぶ３Ｃ政策を実施し、ドイツの台頭に脅かされ「光栄ある孤立」を捨て日英同盟、英仏協商、英露協商を結び、またロシアとフランスも露仏同盟を結んだことで、三国協商が結成されました。

《ヨーロッパで結ばれた同盟》

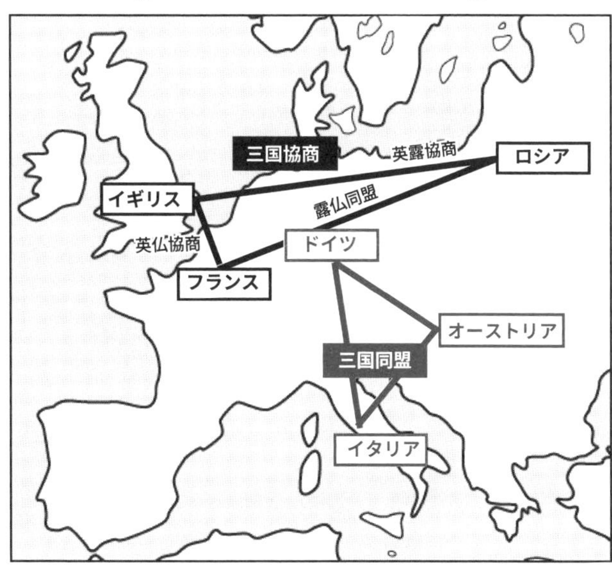

同盟を結ぶことで、同盟国同士は協力関係を築くことができます。この同盟同士の対立は、後にヨーロッパ広域を巻き込む世界大戦へとつながっていきます。

バルカン半島の情勢

バルカン半島は東ヨーロッパにおいて、地中海と黒海に面している地域です。この地域はオスマン帝国の支配を受けていましたが、19 世紀頃からオスマン帝国の勢力が弱まると、セルビアをはじめとするスラヴ人の国々が独立しました。ここにオーストリア＝ハンガリー帝国が進出してスラヴ人と対立したことで、バルカン半島は「ヨーロッパの火薬庫」と呼ばれるようになりました。

【バルカン半島　略地図】

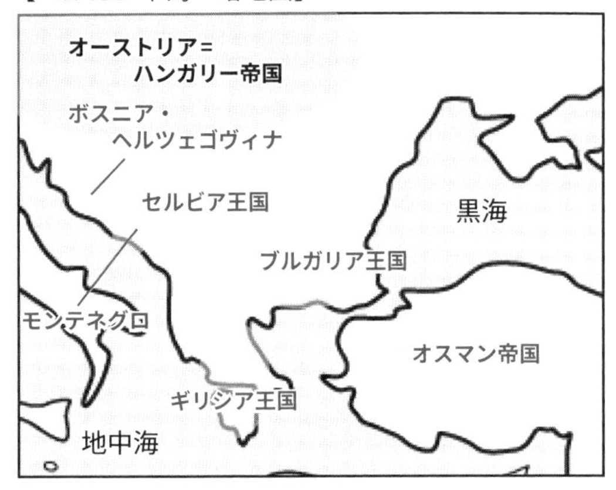

バルカン半島は、黒海と西ヨーロッパに挟まれた位置にあります。

《バルカン半島の情勢》

1908 年：オスマン帝国で青年トルコ革命がおこる
➡ オーストリアは混乱に乗じてスラヴ人が多く住むボスニア・ヘルツェゴヴィナを併合

1912 年：バルカン同盟の結成
➡ ロシアの指導下でブルガリア・セルビア・ギリシア・モンテネグロの４か国間で結成し、領土拡張を狙ってオスマン帝国に宣戦

1912 年：第１次バルカン戦争
➡ バルカン同盟が勝利。領土配分をめぐってブルガリアとほかの３国が対立

1913 年：第２次バルカン戦争
➡ ブルガリアが敗北。セルビアが勢力を伸ばすも、オーストリアと対立

参考

◉ パン＝ゲルマン主義 …… ゲルマン民族（ドイツ民族）の支配力を強めようとする主張
◉ パン＝スラヴ主義 …… バルカン半島などに多く居住するスラヴ民族の支配力を強めようとする主張

第一次世界大戦

オーストリアの皇太子夫妻がセルビア人に暗殺される**サラエヴォ事件**をきっかけに、オーストリアがセルビアに宣戦布告をしました。すると、オーストリア・ドイツ・オスマン帝国・ブルガリアからなる同盟国とイギリス・フランス・ロシア（・日本）からなる連合国の対立に発展し、1914 年から**第一次世界大戦**がはじまりました。この戦争では、各国が**総力戦**となって戦い、毒ガスなどの新しい兵器が使われました。

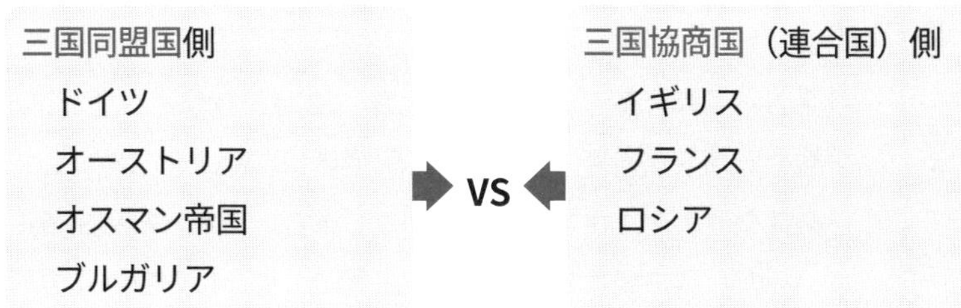

協商国側に立って参戦

日本・イタリア・アメリカ合衆国

※イタリアは第一次世界大戦開戦後、
三国同盟を脱退

参考 総力戦
国家に対する国民の協力が求められるなど、国家全体の力を結集して戦うこと。男性は戦争に動員され、女性は兵器工場などで働くようになった。また、イギリスが自治権を認めることを条件にインドを参戦させたように、植民地にも戦争に協力させた

大戦の終結

戦争が長期化するなか、海軍力でドイツに勝ったイギリスとフランスは海上封鎖を行い、ドイツと海外植民地の連絡を絶ちました。それに対して、ドイツは**無制限潜水艦作戦**（指定航路外の船舶を無差別に攻撃する作戦）を実施しました。これをきっかけにアメリカが参戦し、ドイツは劣勢になりました。

《大戦終結までの流れ》

1917 年：無制限潜水艦作戦に危機感を覚えたアメリカが連合国側に立って宣戦布告
ロシアは国内で革命が発生したため第一次世界大戦から退く
1918 年：オスマン帝国とブルガリアが降伏。オーストリアが休戦条約を結ぶ
ドイツ水兵がキール軍港で暴動をおこし、ドイツ皇帝が逃亡
ドイツ革命がおこり、ドイツ共和国が成立

ドイツ臨時政府が休戦協定を結び、第一次世界大戦が終結

ロシア革命

社会主義政党の誕生

ロシアでは資本主義の発展にともない、労働環境が悪化していきました。そんななか、ドイツの**マルクス**は社会主義への移行を必然とする思想を唱え、のちにロシア革命などの社会主義運動に大きな影響を与えました。

関連用語

◉ 社会主義 …… 社会の不平等を正そうとする考え方。19 世紀以降、各国で工業化が進み、少数の資本家が裕福になる一方で労働者は貧困に苦しんでいた。ここに労働条件の改善をめざす労働運動がはじまり、これが社会主義運動に発展していった。自由競争を認める資本主義としばしば対立する思想である

ロシアではマルクス主義運動によって多くの社会主義政党が誕生しました。1905 年、**血の日曜日事件**をきっかけに**第一次ロシア革命**が発生し、労働者の評議会として**ソヴィエト**が結成されました。このような動きに対して、皇帝**ニコライ２世**は十月宣言で国会の開設と立憲政治を約束しましたが、騒動が落ち着くとふたたび専制政治に戻ってしまいました。

第二次ロシア革命とソ連の誕生

その後、ロシアでは第一次世界大戦参戦によって食糧不足が発生し、政府に対する不満が高まっていました。そこからはじまったのが**第二次ロシア革命**です。1917 年に首都ペトログラードではじまった反乱は各地に拡大し、労働者や兵士が組織したソヴィエトが革命推進の中心となりました。臨時政府を組織し、ニコライ２世を退位させたことでロシアの帝政は崩壊しました。これを**三月革命（二月革命）**と呼びます。

《帝政崩壊からソ連結成までの流れ》

ケレンスキーが臨時政府の首相に就任。レーニンとトロツキーの率いるボリシェヴィキ（急進派）は武装蜂起し、臨時政府を倒す。十一月革命（十月革命）を達成する

十一月革命後、レーニンは武力で議会を封鎖し、社会革命党の一党独裁体制となる

ロシア革命の成功に対し、革命の拡大を恐れる諸外国は干渉戦争をおこす
ロシアは赤軍（せきぐん）とチェカ（非常委員会）を組織し、反革命軍や外国軍を撤退させる

1922 年、ソヴィエト社会主義共和国連邦が成立する

（　）問中（　）問正解

■ 各問の空欄に当てはまる語句をそれぞれ①～③のうちから一つずつ選びなさい。

問１　ドイツの（　　　　）は、植民地獲得政策としてはベルリン・ビザンティウム・バグダードを結ぶ３Ｂ政策を実施した。

① ヴィルヘルム２世　② フリードリヒ２世　③ ニコライ２世

問２　1882年、ドイツ・イタリア・オーストリアは（　　　　）を結んだ。

① 三国同盟　② 三国協商　③ バルカン同盟

問３　イギリス・フランス・ロシアからなる協力関係を（　　　　）といい、1907年に成立した。

① 三国同盟　② 三国協商　③ バルカン同盟

問４　青年トルコ革命がおこった頃に、セルビアなど４か国は（　　　　）を結んだ。

① 四国同盟　② スラヴ同盟　③ バルカン同盟

問５　オーストリアの皇太子夫妻がセルビア人に暗殺された（　　　　）をきっかけとして、第一次世界大戦がはじまった。

① ドレフュス事件　② アンボイナ事件　③ サラエヴォ事件

問６　ドイツの思想家（　　　　）は社会主義の必然性を唱え、ロシア革命などの社会主義運動に大きな影響を与えた。

① レーニン　② マルクス　③ スターリン

問７　第一次世界大戦において、ドイツの（　　　　）をきっかけにアメリカが参戦した。

① ノルマンディー上陸作戦　② 無制限潜水艦作戦　③ インパール作戦

問１：①　問２：①　問３：②　問４：③　問５：③　問６：②　問７：②

問８　第二次ロシア革命で（　　　　）が退位したことで、ロシアの帝政は崩壊した。

① ヴィルヘルム２世　② フリードリヒ２世　③ ニコライ２世

問９　十一月革命を指導した（　　　　）は武力で議会を封鎖し、社会革命党の一党独裁体制を築いた。

① レーニン　② マルクス　③ スターリン

問10　1922年にロシアなど４つのソヴィエト共和国が連合し、（　　　　）が成立した。

① ロシア連邦

② ソヴィエト人民共和国連合

③ ソヴィエト社会主義共和国連邦

解　答

問８：③　問９：①　問10：③

( )問中( )問正解

■ 次の問いを読み、問１～問５に答えよ。

問１　第一次世界大戦でドイツが活用したことに関して、ドイツが行った無制限潜水艦作戦の結果おこった出来事について述べた文として適切なものを、次の①～④のうちから一つ選べ。〈高認 H. 30-1 世・改〉

① イギリスが航海法を制定した。
② 日ソ中立条約が結ばれた。
③ 清が上海などを開港した。
④ アメリカ合衆国が連合国側で参戦した。

問２　次の資料はイギリスと［A］が結んだ協商の一部と資料カードである。カードおよび資料中の［A］に当てはまる国を、下の①～④のうちから一つ選べ。

〈高認 H. 30-1 世・改〉

協商

イギリス政府と［A］政府は、ペルシアの領土保全と独立を尊重することに相互に関与しており…上述のペルシア諸州におけるそれぞれの利益に関するあらゆる対立の動機を回避することを希求して、以下の事項について合意した。

カード

イギリスは、長年対立していた［A］と提携し、三国協商を形成した。その背景には、ドイツが艦隊の増強を進め、イギリスに脅威を与えていたことがあった。もっとも、第一次世界大戦の時点ではイギリス海軍の優位は揺るがず、ドイツに対する海上封鎖を行うことができた。

英独の建艦競争の風刺画

① ロシア　② イタリア　③ メキシコ　④ オーストリア

問３　ロシア十月革命（十一月革命）について述べた文として適切なものを、次の①～④のうちから一つ選べ。〈高認 H. 29-1 世・改〉

① アレクサンドル２世が、農奴解放令を出した。
② ジョン＝ヘイが、門戸開放宣言を出した。
③ ムッソリーニが、ファシスト党政権を樹立した。
④ ボリシェヴィキが、ソヴィエト政権を樹立した

問４　第一次世界大戦について述べた文として適切なものを、次の①～④のうちから一つ選べ。〈高認 H. 29-1 世・改〉

① バスティーユ牢獄襲撃を機に始まった。
② 日本は、日英同盟を理由に参戦した。
③ 真珠湾攻撃を機に、アメリカ合衆国が参戦した。
④ カルロヴィッツ条約で講和が結ばれた。

問５　下線部分ロシアでは、社会主義となったのち、就業者数に占める女性の割合が急激に上がったとあるが、その背景として考えられる事柄について述べた文として適切なものを、次の①～④のうちから一つ選べ。〈高認 H. 30-1 世・改〉

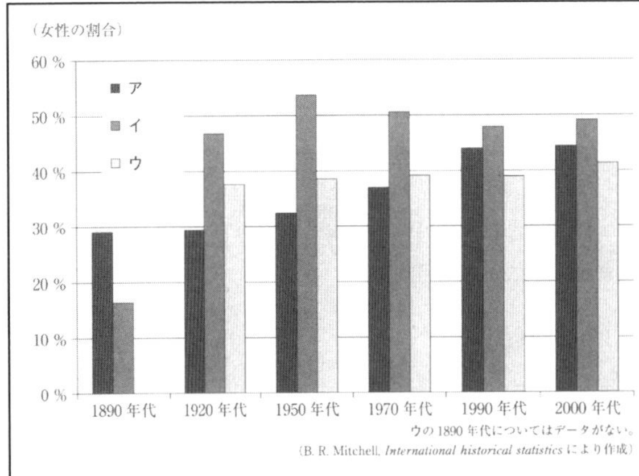

左のグラフは、イギリス・ロシア（ソ連の時期を含む）・日本の就業者数に占める女性の割合を示しており、女性の社会進出の程度を見ることができるといえる。イギリスでは、19 世紀末から 2000 年代まで次第に女性の割合が高まっている。これに対して、日本は、20 世紀を通じてほとんど変化がなく、2000 年代になり 40％を超えた。また、ロシアでは、社会主義となったのち、就業者数に占める女性の割合が急激に上がった。このように、女性の社会進出の程度は、それぞれの国や地域によってさまざまに異なっているのである。
※アーイギリス、イーロシア、ウー日本

① 人権宣言で、私有財産が認められたため。
② 第２次囲い込みにより、農業労働力が必要となったため。
③ ニューディールにより、公共事業が盛んになったため。
④ 五カ年計画による工業化で、労働力が必要とされたため。

解答・解説

問1：④

①について、航海法が制定されたのは1651年のことなので、不適切です。この航海法は、クロムウェルが権力を持っていたころのイングランドで制定され、当時繁栄していたオランダの貿易を衰退させることを目的としていました。②について、日ソ中立条約が結ばれたのは、第二次世界大戦が勃発したころの1941年なので、不適切です。日本は、北方からの侵略を防ぎ、安心して東南アジアを侵略することを目的としてこの条約を締結しました。③について、清が上海などを開港したのは、1942年の南京条約なので、不適切です。南京条約がアヘン戦争の講和条約であることもおさらいしておきましょう。④について、ドイツの無制限潜水艦作戦によって、アメリカ合衆国は第一次世界大戦への参戦を表明したので、適切です。第一次世界大戦の講和会議がパリで開かれたこともおさらいしておきましょう。したがって、正解は④となります。

問2：①

第一次世界大戦の三国協商は、イギリス、フランス、ロシアで形成されました。また、問題の資料中には、ペルシアの支配をめぐってイギリスと対立していたのであろう内容が書かれています。ペルシアとは、現在のイランにあたり、ロシアが南下政策によって侵略を進めていた地域の一つです。これらのことから、空欄Aにはロシアが入ることが分かります。したがって、正解は①となります。

問3：④

①の農奴解放令とは、クリミア戦争での敗北を受けて、19世紀半ばにロシアのアレクサンドル2世によって行われた法令です。②の門戸開放宣言とは、20世紀初頭に列強によって進められていた中国分割に対して、アメリカのジョン＝ヘイがそれを妨げる目的で発した法令です。③のムッソリーニは、20世紀前半にイタリアで活躍した人物で、ファシズムを取り込み、ファシスト党を設立し政権を樹立した人物です。④のボリシェヴィキとは、20世紀初頭のロシア革命期に活躍した左派集団で、レーニンを中心としてソヴィエト政権を樹立しました。したがって、正解は④となります。

問４：②

①のバスティーユ牢獄への襲撃は、18 世紀のフランス革命期に起こった出来事です。この出来事からフランス革命が始まりました。②の日英同盟は 1902 年にロシアへの対抗を目的として設立されました。また、日本は 1914 年に勃発した第一次世界大戦に参戦する際、この日英同盟を口実に連合国側につきました。③の真珠湾攻撃は、1941 年に起こった、太平洋戦争のきっかけになった出来事です。これをきっかけとして、アメリカは第二次世界大戦に参戦しました。④のカルロヴィッツ条約は、1699 年にヨーロッパ諸国とオスマン帝国との間で結ばれた条約で、オスマン帝国は多くの領土を失い、弱体化しました。したがって、正解は②となります。

問５：④

①について、人権宣言が行われたのは 1789 年のフランスなので、不適切です。この人権宣言は、人間の自由と平等や、言論の自由などを認めるものでした。②について、第２次囲い込みが行われたのは 18 世紀のイギリスなので、不適切です。この政策は、ノーフォーク農法などが生み出された農業革命の中で行われました。③について、ニューディール政策が行われたのは世界恐慌直後の 1930 年代のアメリカなので、不適切です。この政策は、フランクリン＝ローズヴェルト大統領によって行われたこともおさらいしておきましょう。④について、五ヵ年計画はソ連で数度にわたって行われた政策なので、適切です。世界恐慌の際に、ソ連はこの計画を打ち出して恐慌の難を逃れることができました。したがって、正解は④となります。

2. 第一次世界大戦と日本

この単元では、大正時代の日本について学習します。第一次大戦以降は、民主主義や労働運動などの社会運動の進展が見られます。多くの人々が動員された戦争が社会にどのような影響を与えたかという点が重要となります。

Hop｜重要事項

第一次世界大戦と日本

第一次世界大戦がはじまると、第２次大隈重信内閣は海外進出と中国の権益確保の好機ととらえ、日英同盟を口実にドイツに宣戦布告しました。

《 大戦時の日本の動向 》

◉ ドイツの拠点であった中国山東(さんとう)省の青島(ちんたお)、赤道以北のドイツ領南洋諸島の一部を占領

◉ 中華民国の袁世凱政権に対して、「二十一か条の要求」を突き付け、大部分を認めさせる

◉ 寺内正毅(てらうちまさたけ)内閣は中国に対し多額の借款(しゃっかん)を行い、影響力拡大をめざした。また、ロシアでおきた革命によりソヴィエト社会主義共和国連邦（ソ連）が誕生したことを受け、シベリアに出兵した

関連用語

◉ 二十一か条の要求 …… 中国は、山東省の旧ドイツ権益の継承や、大連の租借地および南満州鉄道の権益を 99 年延長などの要求を押し付けられた

◉ 米騒動 …… 米の価格が高騰したことにより、1918 年に富山県魚津(うおづ)市の主婦たちが蜂起した事件。シベリア出兵が宣言されたことで、軍人の食糧として米の需要が高まると予測した米屋が、買い占めと値上げをしたことによっておこった。この責任を受けて、寺内正毅内閣は総辞職した

大戦景気

第一次世界大戦では、日本列島は戦場となりませんでした。日本は戦争によって空洞化したアジア・ヨーロッパ市場への輸出を伸ばし、ヨーロッパには軍需品を、アジア各地には綿糸や綿織物を大量に輸出しました。また、アメリカに対しては高級品の生糸の輸出が大量に増え、貿易は大幅な輸出超過になりました。

大戦中は、とくに海運業と造船業の発展がめざましく、造船量はイギリス、アメリカに次いで世界第３位にまで達していました。このような好景気を大戦景気といい、好景気が続いたため物価も上昇しました。

戦後恐慌

第一次世界大戦が終わるとヨーロッパ諸国は徐々に復興し、それに併せてアジア市場へヨーロッパの商品の輸出が再開されました。これにより日本の輸出は減少し、1919年には貿易が輸入超過に転じました。その翌年には不景気が訪れ、1920年代は慢性的な不況が続きました。その一方で、資本や労働力を集めた三井・三菱・住友・安田などの財閥は多くの産業部門を支配下に置き、発展していきました。

第一次世界大戦が終わると、世界では国際協調や民族自決を求める動きがおこりました。日本も民主主義を求める活動や社会主義活動が活発になっていきます。

第一次世界後の日本　政党内閣の成立

寺内正毅内閣後、本格的な政党内閣である原敬（はらたかし）内閣が成立しました。原敬は教育制度の充実、交通機関の整備などの政策を行いましたが、普通選挙を実施することには消極的でした。1924年に貴族院議員を中心とした非政党内閣が成立すると、これに反対する政党を中心に第二次護憲運動がおこりました。この結果、加藤高明（かとうたかあき）内閣が成立し、1925年に普通選挙法が制定されました。これ以降は憲政会と立憲政友会が交互に政権を担当する政党内閣が続き、憲政の常道と呼ばれました。

関連用語

- ◉ 普通選挙法（1925年）…… これまでは一定額の税を納めなければ選挙権がなかったが、普通選挙法の成立により、満25歳以上の男性に選挙権が与えられ、有権者数は約４倍に増加した
- ◉ 憲政会 …… 日本に存在した政党。加藤高明、若槻礼次郎（わかつきれいじろう）らが所属した
- ◉ 立憲政友会 …… 日本に存在した政党。原敬、高橋是清（たかはしこれきよ）、田中義一（たなかぎいち）らが所属した

参考　本格的な政党内閣とは

明治時代から内閣総理大臣は藩閥や軍閥からなる元老によって選ばれていた。しかし、原敬内閣では立憲政友会という政党から総理大臣に選ばれたことから、本格的な政党内閣と呼ばれた

デモクラシーと大衆化

大正デモクラシー

第一次世界大戦後、世界での民主主義を求める風潮の高まりやロシア革命、米騒動の影響を受けて、日本でも労働運動や女性運動などの社会運動がさかんになりました。これらの活動は普通選挙運動や本格的な政党内閣成立などに影響がありました。

- ◉ 吉野作造が民本主義を唱え、民主化を主張する声が高まった
- ◉ 憲法学者の美濃部達吉が天皇機関説を唱えた
- ◉ 1920 年：大日本労働総同盟（旧友愛会）が、第 1 回メーデーを行った
- ◉ 1920 年：平塚らいてうや市川房枝らが青鞜社を前身として新婦人協会を組織。女性の政治的地位向上をめざした
- ◉ 1922 年：部落差別解消をめざし、全国水平社が組織された

関 連 用 語

- ◉ 民本主義 …… 天皇を主権者としながらも、民衆の政治参加を求める主張
- ◉『青鞜』…… 女性の解放をめざして平塚らいてうらによって発刊された雑誌
- ◉ 天皇機関説 …… 国家を法人とし、天皇は国家の最高機関であるという考え

このような社会運動の展開に対して、共産党結成などの動きを弾圧するために 1925 年に治安維持法が制定され、のちに改正されて社会主義者や自由主義者などを弾圧するために利用されました。また、1923 年に発生した関東大震災のときも、大杉栄ら社会主義者や労働運動家が憲兵隊や警察、軍隊によって拘束・殺害される事件もおきました。

関 連 用 語

- ◉ 関東大震災 …… 10 万人を超える死者・行方不明者が生じた。混乱のなかで広がったデマにより、多くの朝鮮人や社会主義者が虐殺された

大衆化と大正時代の文化

大正時代は、大戦景気による経済発展や教育の普及を背景に、会社に勤め給料を受け取るサラリーマンの数が増加しました。西洋風の洋服や住居が一般民衆にまで普及しはじめたのもこの頃です。1925年には**ラジオ放送**がはじまり、多くの人々への情報伝達に貢献しました。また、識字率の向上から大衆雑誌『**キング**』や『主婦の友』などの雑誌が販売数を伸ばしました。

コラム　大正時代の芸術文化

大正時代は今から半世紀ほど前の 1912 ～ 1926 年です。この頃、現代の私たちにも親しみがある芸術や文化が多く生み出されました。ラジオや映画などの娯楽や『文藝春秋』などの出版文化、音楽や演劇などがその例です。

◉ 宝塚歌劇のはじまり

きらびやかなステージと素晴らしい音楽と演劇が魅力の宝塚歌劇。ファンの方も多いのではないでしょうか？　現在の宝塚歌劇は、大正時代の 1913 年に小林一三(いちぞう)によって少女歌唱隊を結成したのがはじまりで、宝塚温泉の余興として歌や演劇を披露していました。なお、初演演目は桃太郎を題材した歌劇『ドンブラコ』でした。

◉ 大正時代と音楽

西洋音楽は、明治時代の文明開化とともに日本に輸入されて徐々に浸透し、現在の私たちに親しまれるようになりました。大正時代には現在につながる交響楽団が設立され、クラシック音楽の公演で有名な東京フィルハーモニーや、新交響楽団（現 NHK 交響楽団）がその例です。

日本歌曲でも有名な曲が生み出されており、現在の日本でも歌い継がれている「赤とんぼ」が山田耕筰(こうさく)によって作曲されています。また、お正月の曲として多くの場面で使用される「春の海」は、大正時代を代表する作曲家である宮城道雄(みちお)によって作曲されました。

Step ｜基礎問題

(　　)問中(　　)問正解

■ 各問の空欄に当てはまる語句をそれぞれ①〜③のうちから一つずつ選びなさい。

問1　第一次世界大戦中、日本は中華民国の袁世凱政権に対して（　　　　）を突き付け、大部分を認めさせた。

① 95か条の論題　② 二十一か条の要求　③ ハル＝ノート

問2　寺内正毅内閣は、ロシアで社会主義革命がおきたことに対して（　　　　）を行った。

① シベリア出兵　② 北伐　③ 山東出兵

問3　第一次世界大戦中、日本は空洞化したヨーロッパやアジアへの輸出を伸ばし、（　　　　）となった。

① 昭和恐慌　② バブル景気　③ 大戦景気

問4　加藤高明内閣は1925年に（　　　　）を制定し、それにより満25歳以上の男性に選挙権が与えられた。

① 公職選挙法　② 普通選挙法　③ 治安警察法

問5　「民本主義」を唱え、大正デモクラシーの推進に大きな役割を果たした人物は（　　　　）である。

① 美濃部達吉　② 尾崎行雄　③ 吉野作造

問6　平塚らいてうや市川房枝らは（　　　　）を組織し、女性の政治的地位向上をめざした。

① 全国水平社　② 新婦人協会　③ 友愛会

問7　1922年、部落差別解消をめざし、（　　　　）が組織された。

① 全国水平社　② 新婦人協会　③ 友愛会

問1：②　問2：①　問3：③　問4：②　問5：③　問6：②　問7：①

問８　1925 年、社会主義や共産主義の活動を抑えることを目的に（　　　　　）が制定された。

①　治安維持法　　②　徴兵制　　③　国家総動員法

問９　1925 年に東京・大阪・名古屋で（　　　　　）がはじまり、翌年には日本放送協会（NHK）が設立された。

①　鉄道の開通　　②　ラジオ放送　　③　郵便制度

問 10　大正時代末の 1923 年におこった（　　　　　）は、10 万人を超える死者・行方不明者を出した。

①　関東大震災　　②　阪神淡路大震災　　③　東日本大震災

解　答

問８：①　問９：②　問10：①

（　）問中（　）問正解

■ 次の問いを読み、問１～問５に答えよ。

問１　次の文を読み、［A］［B］に当てはまる語句の組合せとして正しいものを、次の①～④のうちから一つ選べ。〈高認 R. 2-1 日・改〉

第一次世界大戦に参戦した日本は、山東半島の青島や南洋諸島を占領した。また、二十一ヵ条の要求を示し、［A］など中国権益の拡大をめざしたが、これは中国だけではなく欧米諸国の反発をかった。

第一次世界大戦後、1920 年代の日本は、諸外国との対立を避け、協調外交を展開したが、国内にはこれに反発する声もあった。1926 年に［B］のひきいる中国国民党が北伐を開始すると、日中の対立は深まっていった。

① A：旅順・大連の租借権を延長する　　B：蔣介石
② A：旅順・大連の租借権を延長する　　B：袁世凱
③ A：満州国を承認する　　B：蔣介石
④ A：満州国を承認する　　B：袁世凱

問２　山東半島の青島の場所と、日本が占領する直前まで山東半島に権益を保持していた国の組合せとして正しいものを、下の①～④のうちから一つ選べ。

〈高認 R. 2-1 日・改〉

場　所

国
ウ　イギリス
エ　ドイツ

① アーウ　② アーエ　③ イーウ　④ イーエ

問３　初の本格的政党内閣について、この内閣を組織した人物と、その人物が普通選挙実現に対する考えを述べた資料（意訳してある）の組合せとして適切なものを、下の①～④のうちから一つ選べ。〈高認 H. 30-1 日・改〉

人　物
　ア　加藤高明　　　イ　原　敬

資　料
　ウ　政府は現在における国民精神の動向にかんがみ、広く国民に国家の義務を負担させ、あまねく国民に政治上の責任に参加させ、もって国運発展の重要な責任を引き受けさせることが現在最も急務であると認めたのであります。
　エ　いつか国の状況が許すようになれば、いわゆる普通選挙もそれほどまで心配すべきものではない。しかし、階級制度の打破などという、現在の社会に対して打撃を加えようとする目的で納税資格を撤廃するというようなことは実に危険きわまりないことである。

①　アーウ　　②　アーエ　　③　イーウ　　④　イーエ

問４　第一次世界大戦中の日本について、当時の内閣の施策として最も適切なものを、次の①～④のうちから一つ選べ。〈高認 H. 28-1 日・改〉

① 戊申詔書を発し、列強の一員としての日本を支えるための国民道徳強化につとめた。
② 国際紛争の解決手段として戦争の放棄を約す不戦条約に調印した。
③ 関東州の政務を管掌する関東都督府を設置した。
④ 中国の軍閥段祺瑞政権に、多額の政治的借款を行った。

問５　第一次世界大戦後から大正時代のおわりにかけて述べた文として**不適切なもの**を、次の①～④のうちから一つ選べ。

① ラジオ放送が始まり、多くの人々への情報伝達に貢献した。
② 西洋文化が都市部の民衆に広まり、西洋式の住宅や洋服が見られるようになった。
③ ガス灯が普及し、東京と横浜間に鉄道が開通した。
④ 大衆雑誌『キング』の発刊が始まり、発行部数は 100 万部を超えた。

解答・解説

問1：①

Aには二十一ヵ条の要求内にあった「旅順・大連の租借権を延長する」が入ります。もうひとつの選択肢の満州国が承認されたのは日満議定書です。Bには孫文死後の中国国民党を牽引した蒋介石が入ります。袁世凱は初代中華民国大総統です。

問2：④

地図内のアは遼東半島、イは山東半島です。山東半島の青島の権益を持っていたのはドイツです。第一次世界大戦に日英同盟を理由として参戦した日本は、イギリスから青島におけるドイツ権益を削ぐよう依頼され、第一次世界大戦にドイツが敗北して以降は山東半島の権益は日本が引き継ぐようになりました。

問3：④

初めて本格的な政党内閣を結成したのは原敬です。もう一つの選択肢となっている加藤高明は第二次護憲運動後 1925 年に就任した首相です。原敬は普通選挙法の制定には慎重な立場をとっていたため、資料エが選ばれます。普通選挙法が制定されたのは加藤高明内閣での出来事です。

問4：④

①は 1908 年の桂太郎内閣、②は 1928 年の田中義一内閣、③は 1905 年の西園寺公望内閣での出来事であり、第一次世界大戦中の内閣ではないため、誤りです。④は第一次世界大戦中に寺内正毅が行った西原借款の内容にあたります。したがって、④が正解です。

問5：③

不適切なものを選びます。③のガス灯の普及や東京・横浜間の鉄道の開通は、明治時代はじめに起こった文明開化の内容です。したがって、正解は③です。

3. ヴェルサイユ体制の成立

この単元では、第一次世界大戦後のヨーロッパ諸国について学習します。平和維持のためにどのような条約が結ばれたのか、そして、その影響により各植民地でおこった民族運動を学んでいきましょう。

Hop ｜重要事項

戦後の国際秩序

ヴェルサイユ体制

第一次世界大戦の戦後処理のために 1919 年にパリ講和会議が開かれ、ドイツと連合国との間でヴェルサイユ条約が調印され、敗戦国となったドイツには多額の賠償金が課せられました。この会議はアメリカのウィルソン大統領が提唱した十四か条の平和原則を基に進められ、これによって形成された戦後の国際秩序をヴェルサイユ体制と呼びます。

◉ 十四か条の平和原則 …… 民族自決の原則（東ヨーロッパ諸国の独立）、国際平和機構の設立、軍備縮小などが唱えられた

◉ 国際連盟 …… ウィルソン大統領の提案によってつくられた国際平和機構。ただし、アメリカ・ドイツ・ソ連といった大国の不参加、侵略行為への対抗手段をもっていないなどの課題があった

参考

◉ ヴェルサイユ条約の内容 …… ドイツは「すべての植民地を失う」「アルザス・ロレーヌをフランスに返還する」「ポーランド・デンマークとの国境地帯を割譲する」「軍備の制限」「ラインラントの非武装化」「多額の賠償金を負う」など厳しい内容を突き付けられた

参考 第一次世界大戦後に結ばれた国際協調条約

- ◉ 1925年：ロカルノ条約 …… ヨーロッパ国境の現状維持や相互不侵略を定め、集団安全保障をめざす
- ◉ 1928年：不戦条約 …… 国際紛争解決の手段に武力を用いないことを誓う。日本からは田中義一(たなかぎいち)内閣（p. 145参照）が調印

【第一次世界大戦後の世界】

ワシントン体制

アジア・太平洋地域の平和維持に関しては、1921年の**ワシントン会議**で話し合いが行われました。ワシントン会議で形成されたアジア・太平洋地域の戦後秩序をワシントン体制といいます。**ワシントン海軍軍備制限条約**（軍縮条約）に基づき、日本では加藤友三郎(かとうともさぶろう)が調印しました。

このような動きのなかで、軍縮や軍事同盟の破棄などが取り決められましたが、アジア・太平洋地域の植民地は解放されず、未だ列強の支配が続くかたちとなりました。

- ◉ ワシントン海軍軍備制限条約 …… 主力艦保有トン数を制限し、保有比率を定める
- ◉ 九か国条約 …… 中国の主権尊重、領土保全を約束。日本は二十一カ条の要求で得た山東省の旧ドイツ権益を返還した
- ◉ 四か国条約 …… 日・米・英・仏の太平洋の安全保障条約。結果、日英同盟は破棄された
- ◉ ロンドン会議 …… 1930年に開かれた会議。補助艦の保有比率を決定するロンドン海軍軍縮条約が結ばれた

第一次世界後の各国の動き　ヨーロッパ

ドイツ

ドイツは十一月革命により臨時政府が結成され、第一次世界大戦の休戦協定を結びました（p. 107 参照）。そのようななかで結成されたドイツ共産党は、ロシアの十一月革命にならって社会主義革命をめざしますが、1919 年に軍部と結んだ社会民主党によって鎮圧されます。その後、社会民主党の**エーベルト**が大統領に選出され、民主的な憲法である**ヴァイマル憲法**が制定されました。

参考　ヴァイマル共和国
ヴァイマル憲法下のドイツ共和国の通称。1919 年のヴァイマル憲法成立から、1933 年にナチス政権（p. 153 参照）によって憲法が停止されるまで存続した

民主的な国家運営が進む一方で、ドイツは多額の賠償金とフランスおよびベルギーによるルール地方の占領によって経済的打撃を受けました。**シュトレーゼマン**首相のもとで通貨の改革を行い、アメリカは３度にわたって賠償金の軽減を行って援助を行いました（1924 年**ドーズ案**、1929 年**ヤング案**、1932 年**ローザンヌ会議**）。

この間、フランスとベルギーがドイツ領土であるルール地方を占領していますが、それはドイツがヴェルサイユ条約で定められた賠償金支払いができなかったためです。ルール地方は鉄や石炭などの資源がとれるので他国にとっても利用価値の高い場所だったのですね。

ソ連

ソ連ではレーニンの死後に**スターリン**が実権を握り、独裁を行います。1936 年には**スターリン憲法**が制定され、男女平等の普通選挙、民族間の平等、信教の自由などが定められました。また、1928 年から 1942 年に三次に分けて**五か年計画**が実施され、急速に工業化を進めました。

《　五か年計画　》

- ◉第一次 ……　重工業と農業（コルホーズ［集団農場］、ソフホーズ［国営農場］）
- ◉第二次 ……　軽工業
- ◉第三次 ……　軍事産業

第一次世界後の各国の動き　西アジア

イギリスの矛盾条約

第一次世界大戦時、オスマン帝国は同盟国側（ドイツ・オーストリア・イタリア）として参戦しました。このとき、イギリスは戦争を有利に進めるためオスマン帝国内のアラブ民族に対し**フサイン＝マクマホン協定**で大戦後の独立を支援することを約束し、オスマン帝国への反乱を促しました。しかし、この翌年にフランスとロシアとともに**サイクス＝ピコ協定**でアラブ地域の分割統治を密約し、サイクス＝ピコ協定の翌年にはユダヤ人にパレスチナ国家建設を認めた**バルフォア宣言**を出しています。

参考　アラブ地域とは

アラブ地域とはアラビア語を母国語とする人が多い地域を指す。現在の国名ではイラク、アラブ首長国連邦、サウジアラビア、パレスチナ、シリア、エジプトなどにあたる。パレスチナは当時オスマン帝国の支配を受けていた。つまり、フサイン＝マクマホン協定、サイクス＝ピコ協定、バルフォア宣言はイギリスと複数の国・民族が同じ地域に対して矛盾する約束をしていたということになる。このことが今でもパレスチナ問題の原因になっている

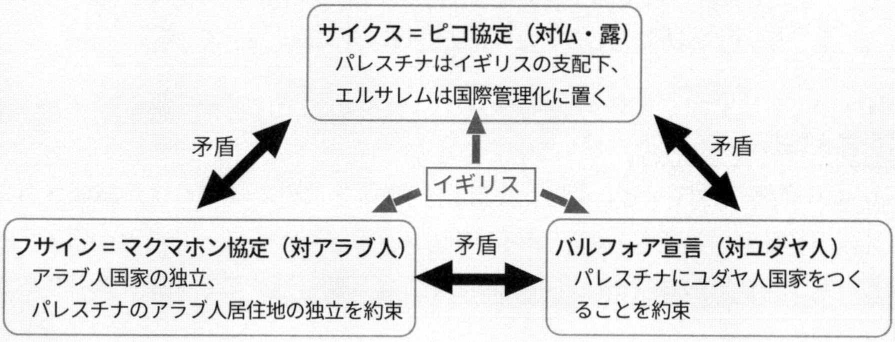

オスマン帝国からトルコ共和国へ

第一次世界大戦に敗戦したオスマン帝国は、イギリス・フランスなどによって分割統治されることになりました。つまり、フサイン＝マクマホン協定は守られなかったということです。

セーヴル条約によって領土を縮小され、連合国の分割統治を受けたオスマン帝国では、列強との戦いを指揮した**ムスタファ＝ケマル（ケマル＝アタチュク）**が中心となり、**トルコ革命**を進めました。1922年にスルタン制を廃止し、1923年に**トルコ共和国**を成立させ、近代的な国家づくりをめざしました。

関連用語

◉ セーヴル条約とローザンヌ条約 …… セーヴル条約とは、第一次世界大戦後に連合国とオスマン帝国が結んだ講和条約。これにより、オスマン帝国の大半が分割された。3年後にトルコ共和国はローザンヌ条約でセーヴル条約を破棄した

◉ スルタン制 …… スルタンはカリフ（イスラームの最高指導者）から支配権を与えられた者を指す。オスマン帝国にはスルタンがカリフを兼ねるスルタン＝カリフ制が存在した。カリフ制も1924年に廃止されている

第一次世界大戦後のエジプト

イギリスの保護国であったエジプトでは完全独立を求めて**ワフド党**が結成されました。交渉は当初は難航したものの、反英デモ・ストライキがおこったことからイギリスが妥協し、スエズ運河の経営権などの特権をイギリス側に残すことを条件としてエジプトの独立を認めました。

参考　アラビア半島の情勢

◉ ワッハーブ派のイヴン＝サヴードを中心に、1932年サウジアラビア王国が建国された

◉ 現在のイランの地域では、レザー＝ハーンがカージャール朝を倒し、1925年にパフレヴィー朝を開いた

◉ イギリスの委任統治領として1921年にイラク王国が建国され、1932年に独立した

Step ｜基礎問題

（　）問中（　）問正解

■ 各問の空欄に当てはまる語句をそれぞれ①～③のうちから一つずつ選びなさい。

問1　第一次世界大戦の講和会議として1919年に開かれたのは（　　　　）である。
①　パリ講和会議　　②　ワシントン会議　　③　ヤルタ会談

問2　第一次世界大戦の戦後処理として、ドイツと連合国の間に（　　　　）が結ばれた。
①　パリ条約　　②　ポーツマス条約　　③　ヴェルサイユ条約

問3　第一次世界大戦後に、国際平和をめざす国際機構として（　　　　）がつくられた。
①　国際連盟　　②　国際連合　　③　北大西洋条約機構

問4　アメリカのウィルソン大統領は（　　　　）のなかで、民族自決の原則や国際平和機構の設立を唱えた。
①　平和十原則　　②　十四か条の平和原則　　③　二十一か条の要求

問5　ワシントン会議で形成されたアジア・太平洋地域の戦後秩序を（　　　　）という。
①　ワシントン体制　　②　ヴェルサイユ体制　　③　ウィーン体制

問6　第一次世界大戦後、ドイツでは民主的な憲法である（　　　　）が制定された。
①　スターリン憲法　　②　ミドハト憲法　　③　ヴァイマル憲法

問7　ソ連ではレーニンの死後に（　　　　）が実権を握り、1936年には憲法が制定された。
①　スターリン　　②　トロツキー　　③　フルシチョフ

問1：①　問2：③　問3：①　問4：②　問5：①　問6：③　問7：①

問８　第一次世界大戦後のソ連で行われた工業化政策を（　　　　）という。

①　大躍進　　②　五か年計画　　③　文化大革命

問９　イギリスの保護国であったエジプトでは完全独立を求めて（　　　　）が結成された。

①　ワフド党　　②　ファシスト党　　③　ホイッグ党

問10　（　　　　）はトルコ革命を進め、1923年にトルコ共和国が成立すると初代大統領となった。

①　スレイマン１世　　②　ムスタファ＝ケマル　　③　ホメイニ

解　答

問８：②　問９：①　問10：②

（　）問中（　）問正解

■ 次の問いを読み、問１～問５に答えよ。

問１　ドイツが潜水艦の保有を禁じられた、第一次世界大戦の講和条約に当てはまる語句を、次の①～④のうちから一つ選べ。〈高認 H. 30-1 世・改〉

① 下関条約　② ユトレヒト条約
③ ヴェルサイユ条約　④ サン＝ステファノ条約

問２　ワシントン会議について述べた文として適切なものを、次の①～④のうちから一つ選べ。〈高認 H.30-1 世・改〉

① 正統主義にもとづき、ヨーロッパの政治秩序を定めた。
② 中国の領土保全や主権の尊重などが確認された。
③ 反植民地を唱え、平和十原則を採択した。
④ 環境問題に対処するため、「持続可能な開発」を打ち出した。

問３　イギリスが結んだフサイン＝マクマホン協定について述べた文として適切なものを、次の①～④のうちから一つ選べ。〈高認 R. 1-2 世・改〉

① アメリカ大陸とヨーロッパの相互不干渉を唱えた。
② 戦争を国際紛争の解決の手段としないことを約束した。
③ アラブ人に、戦後の独立を約束した。
④ カナダやオーストラリアなどに、本国と同等の地位を認めた。

問４　トルコ革命を主導しトルコ共和国の初代大統領となった人物と、実施した政策との組み合わせとして正しいものを、次の①～④のうちから一つ選べ。
〈高認 H. 29-1 世・改〉

	トルコ共和国初代大統領	政策
①	ムスタファ＝ケマル（ケマル＝パシャ）	カリフ制を廃止した。
②	ムスタファ＝ケマル（ケマル＝パシャ）	三部会を開催した。
③	アウラングゼーブ	カリフ制を廃止した。
④	アウラングゼーブ	三部会を開催した。

問５　ソ連の経済政策について述べた文として適切なものを、次の①～④のうちから一つ選べ。〈高認 R. 1-1 世・改〉

① ポトシ銀山の開発を行った。
② 軍役の義務と引き換えに、封土を与える制度をつくった。
③ 社会主義建設をめざして、農業の集団化を行った。
④ 土地税と人頭税を一括して、銀で納める制度をつくった。

解答・解説

問 1：③

①について、下関条約は 1894 年に起こった日清戦争の講和条約なので、不適切です。②について、ユトレヒト条約は 1713 年に起こったスペイン継承戦争などの講和条約なので、不適切です。また、この条約はイギリスにかなり有利なものでした。③について、ヴェルサイユ条約は 1919 年に結ばれた、第一次世界大戦の講和条約なので、適切です。この条約によって、ドイツは巨額の賠償金を課せられました。④について、サン = ステファノ条約は 1878 年に起こった露土戦争の講和条約なので、不適切です。露土戦争とは、ロシア帝国などとオスマン帝国の間で起こった戦争で、ロシアの南下政策の一環となっています。したがって、正解は③となります。

問 2：②

①について、正統主義が取り上げられたのは、1815 年のウィーン会議なので、不適切です。正統主義は、ナポレオン戦争の終結後、これまで盛んに行われてきた革命的な運動に対抗するための考えとして、メッテルニヒが唱えました。②について、中国の領土保全などが唱えられたのは、20 世紀初めのワシントン会議なので、適切です。これらの原則はジョン = ヘイの門戸開放宣言で唱えられ、列強の中国分割に出遅れたアメリカの対策でした。③について、平和十原則が採択されたのは、1955 年のアジア = アフリカ会議なので、不適切です。アジア = アフリカ会議は、第二次世界大戦後に植民地支配からの独立を果たした国々によって開催されました。④について、「持続可能な開発」という目標は、1992 年にブラジルのリオデジャネイロで行われた国連環境開発会議（地球サミット）で取り上げられたものなので、不適切です。この会議を受けて、1997 年には京都議定書が採択されました。したがって、正解は②となります。

問３：③

①について、アメリカ大陸とヨーロッパの相互不干渉を唱えたのはモンロー宣言なので、誤りです。モンロー宣言は1823年に、当時のアメリカ大統領のモンローによって発表された宣言で、これ以降、アメリカは自大陸の支配に注力していきます。②について、戦争を国際紛争の解決の手段としないことを唱えたのは、日本国憲法の第９条なので、誤りです。日本国憲法はGHQの監督の下、1946年に公布されたもので、国民主権・平和主義・基本的人権の尊重の三つを軸としています。③について、アラブ人に戦後の独立を約束したのはフサイン＝マクマホン協定なので、正しいです。イギリスは、この協定と同時期にサイクス＝ピコ協定とバルフォア宣言を行っており、それぞれに矛盾する内容でした。④について、カナダやオーストラリアなどに本国と同等の地位を認めたのは1931年のウェストミンスター憲章なので、誤りです。カナダは1867年に連邦化されており、オーストラリアは1901年に連邦化されていました。したがって、正解は③となります。

問４：①

ムスタファ＝ケマルは、トルコの初代大統領でカリフ制を廃止し、政教分離を進めるなど、トルコの近代化政策を推し進めた人物です。アウラングゼーブはインドのムガル帝国の皇帝で、彼の時代に帝国の領土は最大となりました。三部会とは、中世のフランスにて行われていた、聖職者・貴族・平民の三つの身分からなる議会のことです。したがって、正解は①となります。

問５：③

①について、ポトシ銀山は1545年に南アメリカで発見された銀山なので、誤りです。スペインの植民地にあり、エンコミエンダ制によってインディオを強制労働させる形で経営されていました。②について、軍役の義務と引き換えに封土を与える制度は封建制度で、中世ヨーロッパでの制度なので、誤りです。少し内容は異なりますが、日本でも鎌倉時代に封建制度が存在していました。③について、農業の集団化が行われたのは1928年に発表された、ソ連の第一次五か年計画でのことなので、正しいです。五か年計画の推進によって、ソ連は世界恐慌の被害から立ち直ることができました。④について、土地税と人頭税を一括して銀で納めるようになったのは清の康熙帝の時代なので、誤りです。この制度のことを地丁銀制と言います。明の時代には一条鞭法という、土地税と人頭税の二本立てで、銀で納入する制度がありました。したがって、正解は③となります。

4. 第一次世界大戦後のアジアと民族運動

この単元では、欧米諸国から植民地支配を受けていたアジア諸国が、第一次世界大戦後にどのような民族運動をおこしたのかを学習します。「第一次世界大戦後に各国でおこった出来事」として覚えておくと、時代の整理に役立ちますよ！

第一次世界大戦後の日本と対外関係

朝鮮との関係と反日運動

朝鮮は、明治時代の終わりに日本に併合され、植民地となっていました（p. 87 参照）。パリ講和会議でウィルソンが提唱した民族自決の原則の影響を受けた人々が 1919 年 3 月 1 日に独立宣言を発表しました。これが全土に広がり、**三・一独立運動**となりました。日本はこれを警察・軍隊によって鎮圧し、その後は言論・集会・結社について制限的な自由を認めるなど、統治方針を変更しました。これ以降、朝鮮では民族運動、社会主義運動が活発化していきます。

中国との関係と反日運動

日本は第一次世界大戦中、ドイツの要塞があった山東省青島を占領し、軍事行動を拡大しました。1915 年、日本は中国に二十一か条の要求を提出し（p. 115 参照）、袁世凱政権は要求の大部分を受け入れましたが、これによって中国国民の反日感情は急速に高まっていきました。

中国はパリ講和会議で二十一か条の要求の取り消しを求めましたが、列強がこれを無視すると、1919 年に北京で**五・四運動**と呼ばれる抗議デモがおこりました。運動は全国に広がり、商工業者や労働者も参加したストライキなどの影響で、中国はヴェルサイユ条約の調印を拒否しました。なお、ワシントン会議の期間中に日中間の交渉が行われ、アメリカの仲介もあって、山東省の権益は中国に返還されました（p. 125 参照）。

列強諸国による支配が進む中国では、古い道徳や文化を打破し海外の思想・文化を広める新文化運動がおきました。陳独秀（ちんどくしゅう）らが刊行した『新青年』という雑誌がこの運動の舞台となります。

中国革命の進展

袁世凱（p. 94 参照）の死後、中国では各地で軍事指導者が実質的な支配を行うようになりました。

孫文が組織した中国国民党と、陳独秀が組織した中国共産党は対立関係にありましたが、中国国内に列強勢力が入り込んでくる危機的事態に際して協力することを決め、1924 年に第一次国共合作を結成しました。

中国国民党と中国共産党が協力（第一次国共合作）

1925 年：上海の労働者からはじまった反日・反英の五・三〇事件がおこる

国民党の蔣介石（孫文の後継者）が北方軍閥打倒のため北伐を開始。中国統一をめざす

国民党は南京に国民政府を樹立し、北京を押さえていた張作霖を打倒する。翌年中国統一を成し遂げる（国民革命）

1927年に上海でクーデタをおこしたことで第一次国共合作は崩壊しましたが、蔣介石は日本による干渉（山東出兵）を受けつつも北伐を続けました。その一方、共産党は瑞金に毛沢東を首席とする中華ソヴィエト共和国を樹立し、以降国民党と共産党は中国統一をめぐって対立を続けます。

インドの独立運動

イギリスに支配されていたインドは、第一次世界大戦で多くの兵士を戦場に送りました。しかし、インドの自治権を求める声に対してイギリスの態度は変わらず、インドへの圧政を強めました。そこでインドでは、独立をめざした運動がおこりました。

《 インドの独立運動 》

国民会議派のガンディーが「非暴力・不服従」運動を指導して独立をめざす

全インド＝ムスリム同盟もガンディーに協力。運動が全国に広がる

1929 年：ラホールの国民会議によってネルーの指導下で「プルーナ＝スワラージ（完全独立）」を宣言したことで運動はさらに激化

1935 年：イギリスが懐柔策（かいじゅう）として新インド統治法を発布

関連用語

◉ 塩の行進 …… イギリスが塩の専売を行ったことに対しておこった反対運動。ガンディーらはインドを約 360km 行進して海水から塩をつくり、塩の自由生産を求めた

東南アジア諸国の民族運動

東南アジアの国々でも、ヨーロッパ諸国からの独立運動がさかんになりました。オランダ領東インド（現在のインドネシア）では、1911 年にサレカット＝イスラーム（イスラーム同盟）が、1920 年にインドネシア共産党が結成され民族運動を牽引（けんいん）しましたが、オランダの弾圧を受けました。1927 年にスカルノが結成したインドネシア国民党も同じようにオランダの弾圧を受けています。

フランス領インドシナ（現在のベトナム）では 1930 年にホー＝チ＝ミンがインドシナ共産党を結成し、世界恐慌（p. 152 参照）の影響で貧困化した民衆の支持を得ますが、フランスからの弾圧を受けました。

インド帝国領ビルマ（現在のミャンマー）ではタキン党のアウン＝サンを中心にイギリスからの独立を要求しましたが弾圧され、日本に亡命しています。

アメリカ支配下にあったフィリピンが独立したり、タイが独立を維持し続けたりと、列強諸国への抵抗に成功した国もありましたが、ほとんどの国にとって独立は遠い道のりでした。インドネシア・ベトナム・ミャンマーが独立したのは第二次世界大戦後の1940年代です。

Step｜基礎問題

（　）問中（　）問正解

■各問の空欄に当てはまる語句をそれぞれ①～③のうちから一つずつ選びなさい。

問１　1919 年に朝鮮でおきた反日独立運動を（　　　　）という。
① 三・一独立運動　② 五・四運動　③ 甲申事変

問２　北京大学の学生によるヴェルサイユ条約反対のデモからはじまった、反帝国主義・反封建主義の愛国運動を（　　　　）という。
① 三・一独立運動　② 五・四運動　③ 甲申事変

問３　列強諸国による支配が進む中国では、古い道徳や文化を打破し海外の思想・文化を広める（　　　　）がおこった。
① 文化大革命　② 新文化運動　③ 戊戌の政変

問４　列強の侵略に対し、中国では中国国民党と中国共産党が協力し、（　　　　）を行った。
① 山東出兵　② 大同団結運動　③ 第一次国共合作

問５　孫文の後継者として、軍事権を掌握して国民党を指揮したのは（　　　　）である。
① 袁世凱　② 蔣介石　③ 毛沢東

問６　国民党の蔣介石は北方軍閥打倒のため（　　　　）を開始し、中国統一をめざした。
① 山東出兵　② 北伐　③ 焦土作戦

問７　第一次世界大戦後のインドでは、国民会議派の（　　　　）が「非暴力・不服従」運動を指導して独立をめざした。
① ホー＝チ＝ミン　② スカルノ　③ ガンディー

解答

問１：①　問２：②　問３：②　問４：③　問５：②　問６：②　問７：③

問 8　第一次世界大戦後、インドネシアはオランダからの独立をめざし、(　　　　)はインドネシア国民党を結成した。

① ホー＝チ＝ミン　② スカルノ　③ ガンディー

問 9　第一次世界大戦後、フランス領インドシナでは(　　　　)が独立運動を指導した。

① ホー＝チ＝ミン　② スカルノ　③ ガンディー

問 10　インド帝国領ビルマでは、(　　　　)を中心に独立運動がおこった。

① ホー＝チ＝ミン　② アウン＝サン　③ ガンディー

解　答

問8：②　問9：①　問10：②

（　）問中（　）問正解

■ 次の問いを読み、問１～問５に答えよ。

問１　第一次世界大戦後におこった出来事について述べた文として適切なものを、次の①～④のうちから一つ選べ。〈高認 H. 30-1 世・改〉

① 義和団が「扶清滅洋」をかかげ、外国勢力と戦った。
② シュタインやハルデンベルクが、農民解放などの改革を行った。
③ ガンディーが、「塩の行進」を行った。
④ セルジューク朝の君主が、スルタンを称した。

問２　朝鮮について、日本の統治下のようすについて述べた文として適切なものを、次の①～④のうちから一つ選べ。〈高認 H. 30-2 世・改〉

① 三・一独立運動がおこった。
② シパーヒー（セポイ）が反乱をおこした。
③ 清朝最後の皇帝だった溥儀を執政とした。
④ ラダイト運動がおこった。

問３　中国の 1920 年代のようすについて述べた文として適切なものを、次の①～④のうちから一つ選べ。〈高認 R. 1-1 世・改〉

① 則天武后が、政権を握った。
② 蔣介石が、北伐を進めた。
③ 朴正熙が、大統領になった。
④ 陳勝と呉広が、農民反乱をおこした。

問４　五・四運動について述べた文として正しいものを、次の①～④のうちから一つ選べ。〈高認 H. 27-2 世・改〉

① ヴェルサイユ条約に抗議する運動が、全国に広がった。
② 経済の活性化を図るため、ドイモイ（刷新）政策がとられた。
③ 第４回選挙法改正が行われ、女性の参政権が認められた。
④ 辮髪を強要し、言論統制も厳しく行った。

問 5　20 世紀前半のベトナムのようすについて述べた文として適切なものを、次の①〜④のうちから一つ選べ。

① インドシナ共産党のホー＝チ＝ミンが民衆からの支持を得た。
② オランダからの独立を目指す運動が行われたが本国からの弾圧を受けた。
③ シベリア出兵の影響を受けて米の価格が高騰し、米騒動に発展した。
④ ウィーン会議が開かれ、正統主義が提唱された。

解答・解説

問１：③

①について、義和団事件は第一次世界大戦以前の1900年に起こったので、不適切です。「扶清滅洋」にあるように、外国勢力の追放を目的として反乱を起こしましたが、列強によって鎮圧され、北京議定書が調印されました。②について、シュタインやハルデンベルクによる農民改革は第一次世界大戦以前の19世紀初めのことなので、不適切です。この農民改革によって農奴制が廃止されました。③について、ガンディーが「塩の行進」を行ったのは第一次世界大戦以後の1930年なので、適切です。ガンディーは「非暴力・不服従」をスローガンとしたことでも有名です。④について、セルジューク朝の君主がスルタンを称したのは11世紀半ばなので、不適切です。セルジューク朝は、サーマーン朝を滅ぼして、トゥグリル＝ベクによって建てられた王朝で、十字軍と戦ったことで知られています。したがって、正解は③となります。

問２：①

①について、三・一独立運動がおこったのは1919年の朝鮮なので、適切です。当時日本の支配下にあった朝鮮は、十四か条の平和原則の影響を受けて、日本からの独立を目指してこの運動を起こしました。②について、シパーヒー（セポイ）の反乱がおきたのは1857年のインドなので、不適切です。この反乱は、イギリスからの独立を目指して起こりました。③について、溥儀が執政となったのは満州国が建国された1932年のことなので、不適切です。満州国が建国された後、1937年には盧溝橋事件をきっかけに日中戦争へと突入していきます。④について、ラダイト運動が起こったのは1811年のイギリスなので、不適切です。ラダイト運動とは、産業革命での機械の登場によって失業してしまうことをおそれた人々が起こした、機械を破壊する運動です。したがって、正解は①となります。

問３：②

①について、則天武后が政権を握ったのは690年のことなので、誤りです。則天武后は690年に国号を周（武周）としましたが、その死後に国号は唐に戻りました。②について、蔣介石が北伐を進めたのは1920年代のことなので、正しいです。蔣介石が中国国民党を率いて北伐を進める中で、南京事件や上海クーデターが起こりました。③について、朴正熙が大統領になったのは1963年の韓国でのことなので、誤りです。朴正熙が大統領であった頃に日韓基本条約が結ばれました。④について、陳勝と呉広が農民反乱を起こしたのは秦の末期なので、誤りです。陳勝・呉広の乱は鎮圧されましたが、その後まもなく秦は滅亡しました。したがって、正解は②となります。

問 4：①

②は 1980 年代以降のベトナムに関する内容です。③は 1918 年のイギリスに関する内容です。④は清に関する内容で、五・四運動とは関係ありません。したがって、正解は①となります。

問 5：①

①は 20 世紀前半のベトナムのようすを述べた文として適切です。②について、ベトナムはフランスの支配を受けていましたので、「オランダからの独立を目指す運動」は行われません。この文章はインドネシアに関する内容です。③米騒動がおきたのは 20 世紀初頭の日本です。④ウィーン会議が開かれたのはナポレオン 1 世が大陸の支配権を失った後の 19 世紀初頭のできごとです。したがって、正解は①となります。

5. 昭和初期の日本と世界恐慌

この単元では、昭和初期の日本について学びます。のちに軍部政権がはじまり、日中戦争や第二次世界大戦に突入しますが、この単元ではそれ以前の時代におこった出来事としてひとつの区切りをつけたうえで、知識を増やしましょう。

Hop｜重要事項

戦後の各国の状況

金融恐慌

1926 年、加藤高明首相が在職中に急死したことを受けて、内務大臣を務めていた若槻礼次郎（わかつきれいじろう）が首相を兼任することになりました。第一次若槻礼次郎内閣の外務大臣幣原喜重郎（しではらきじゅうろう）は、アメリカ・イギリスとの協調外交を進める一方で、中国でおきていた北伐に対しては不干渉政策をとりました。これを幣原外交と呼び、積極的な大陸進出を推進する枢密院や野党から日本の国益を損ねると攻撃されました。

経済面では、関東大震災時に発行した震災手形の処理についての審議中に大蔵大臣片岡直温（かたおかなおはる）の失言をきっかけとした金融恐慌が発生し、多くの中小銀行が大銀行に吸収されました。

片岡直温蔵相が東京渡辺銀行の経営状況について「破綻した」と発言してしまったことが金融恐慌のきっかけになりました（その時点では経営にかなり苦戦していたものの、破綻はしていませんでした）。それを知った人々が預金引き出しを求めて銀行に押しかける取付け騒ぎが発生しました。

関連用語

◉ 震災恐慌と震災手形 …… 1923 年の関東大震災により関東の企業が大打撃を受け、震災恐慌となった。銀行に支払いができなくなった手形を震災手形と呼び、これはのちの金融恐慌に影響を与えた第一次若槻礼次郎内閣に続く田中義一内閣では、幣原外交時に不満を持たれていた対中政策に関して、協調外交から積極外交に切り替えました。これにより、その他の政策に関しても枢密院の協力を取り付けました。高橋是清大蔵大臣の尽力によって支払猶予(ゆうよ)令（モラトリアム）、日銀非常貸出、台湾銀行救済法案を可決し、恐慌の鎮静化に成功しました。

参考 台湾銀行

台湾の紙幣の発行権をもつ銀行。日清戦争後に日本の植民地となった台湾の開発と近代化の役割を担った。金融恐慌は台湾銀行にも影響した。台湾銀行は鈴木商店に多額の貸し付けを行っていたため、鈴木商店と台湾銀行が共倒れになる可能性があったが、植民地政策として台湾銀行は救済しなければならなかった。若槻内閣は天皇による緊急勅令でモラトリアム（支払猶予令）を発布することを望んだが枢密院に否決され、総辞職した

中国への干渉

この頃の中国は北伐によって情勢が不安定になっていました（p. 136 参照）。蔣介石が国民革命軍を率いて行っている北伐に対し、田中義一内閣は在留日本人の保護を目的として３回にわたって山東出兵を行いました。

中国東北部では張作霖が満州を統一しましたが、北伐軍の圧迫を受けて北京を撤退していたところ、乗っていた鉄道ごと爆破される張作霖爆殺事件（満州某重大事件）が発生しました。これを実行した中心人物の処理について昭和天皇から叱責を受け、田中義一内閣は総辞職しました。その後、張作霖の息子である張学良(ちょうがくりょう)は蔣介石を首席とする国民政府に合流し、日本に対抗するようになりました。

参考 その他の田中義一内閣での出来事

◉ 第一回普通選挙

◉ 三・一五事件、四・一六事件で日本共産党員を摘発

◉ 治安維持法改正。最高刑が懲役 10 年から死刑に

◉ 思想犯や政治犯および社会主義者や反政府活動家を取り締まる特別高等警察が全国化

◉ 不戦条約を締結（p. 125 参照）

日本の金解禁と世界恐慌

第一次世界大戦の混乱中、欧米各国は金本位制を停止し、日本もそれにならっていました。**浜口雄幸**（はまぐちおさち）内閣は世間からの**金解禁**の要望を受け、前日銀総裁の井上準之助を大蔵大臣に迎えて、1930 年に金解禁（金本位制への復帰）を実施しました。これによって大量の金が海外に流失し、輸出が大幅に減少したことから**昭和恐慌**を引き起こしました。とくに東北地方の農家を中心に欠食児童や女子の身売りが社会問題となりました。この頃、ヨーロッパ諸国やアメリカでは**世界恐慌**が発生しており、世界経済は混乱が続きました。

外交関係については、**ロンドン海軍軍縮条約**（p. 125 参照）で定められた補助艦の保有比率が海軍の主張よりも少なかったことから**統帥権干犯**（とうすいけんかんぱん）**問題**に発展しました。金輸出解禁、統帥権干犯問題で批判を浴びた浜口雄幸は東京駅で銃撃を受けて総辞職後、死去しました。

関連用語

◉ 日本銀行（日銀）…… 1882 年に設立された、紙幣を発行する権利のある日本唯一の銀行

◉ 統帥権干犯問題 …… 大日本帝国憲法で軍を指揮命令する権力（＝統帥権）は天皇にあると定められているにもかかわらず、内閣がロンドン海軍軍縮条約を締結したのは統帥権の侵害にあたると批判された

Step｜基礎問題

（　）問中（　）問正解

■ 各問の空欄に当てはまる語句をそれぞれ①～③のうちから一つずつ選びなさい。

問1　関東大震災後の震災手形の処理をめぐり、大蔵大臣の失言から金融不安となっておこった恐慌は（　　　　）である。
① 戦後恐慌　② 昭和恐慌　③ 金融恐慌

問2　第一次若槻礼次郎内閣のとき、アメリカ・イギリスとの協調外交を進め、中国の北伐に対しては不干渉政策をとった外務大臣は（　　　　）である。
① 幣原喜重郎　② 高橋是清　③ 吉田茂

問3　田中義一内閣のとき、大蔵大臣（　　　　）による支払い猶予令が出されたことで、金融恐慌は沈静化された。
① 幣原喜重郎　② 高橋是清　③ 吉田茂

問4　中国でおこっていた北伐に対し、田中義一内閣は（　　　　）を行った。
① 山東出兵　② 台湾出兵　③ シベリア出兵

問5　1928年に、奉天郊外で張作霖を列車ごと爆破した事件を（　　　　）という。
① ノモンハン事件　② 義和団事件　③ 満州某重大事件

問6　（　　　　）は第二次世界大戦の終わりまで日本に存在し、反政府主義者や社会主義者などを取り締まった。
① 保安隊　② 特別高等警察　③ 自警団

問7　浜口雄幸内閣のときに金輸出が解禁されたことで大量の金が流出し、（　　　　）がおこった。
① 戦後恐慌　② 昭和恐慌　③ 金融恐慌

解　答

問1：③　問2：①　問3：②　問4：①　問5：③　問6：②　問7：②

問８　統帥権干犯問題で非難を浴びた（　　　　）は、東京駅で銃撃を受けた。
①　浜口雄幸　　②　若槻礼次郎　　③　犬養毅

問９　昭和恐慌のとき、世界では（　　　　）がおこっていた。
①　バブル景気　　②　世界恐慌　　③　戦後恐慌

問10　昭和恐慌のとき、日本では（　　　　）が急増し、社会問題となった。
①　流浪人　　②　闇市　　③　欠食児童

解　答

問８：①　問９：②　問10：③

(　)問中(　)問正解

■ 次の問いを読み、問１～問５に答えよ。

問１　金融恐慌に関連するできごとア～ウを古い順に正しく並べたものを、下の①～④のうちから一つ選べ。〈高認 R. 1-2 日・改〉

ア　台湾銀行救済緊急措置令が枢密院で否決された。
イ　大蔵大臣の失言を発端として取付け騒ぎがおこった。
ウ　３週間のモラトリアム（支払猶予令）が発令された。

①　ア→イ→ウ　　②　イ→ア→ウ　　③　ウ→ア→イ　　④　ウ→イ→ア

問２　北伐開始後のできごとについて述べた次のア～ウを年代の古い順に正しく並べたものを、下の①～④のうちから一つ選べ。〈高認 R. 2-1 日・改〉

ア　日本政府は、３週間のモラトリアムを実施した。
イ　北伐不介入方針をとった内閣が、金融恐慌により総辞職した。
ウ　北伐軍（国民革命軍）に敗北した張作霖を、関東軍が殺害した。

①　ア→イ→ウ　　②　イ→ア→ウ　　③　ウ→ア→イ　　④　ウ→イ→ア

問３　浜口雄幸内閣の協調的な外交政策のもとに行われたこととして最も適切なものを、次の①～④ のうちから一つ選べ。〈高認 H. 28-2 日・改〉

① ロンドン海軍軍縮条約に調印した。
② 満州某重大事件をおこした。
③ 日英通商航海条約に調印した。
④ 台湾出兵を行った。

問４　若槻礼次郎内閣と田中義一内閣について述べた文として不適切なものを、次の①～④から一つ選べ。

① 若槻礼次郎内閣は協調外交を行い、これを枢密院に批判された。
② 若槻礼次郎内閣のとき、中国に対する北伐が行われた。
③ 田中義一内閣がモラトリアム令を出したことで、金融恐慌は鎮静した。
④ 金融恐慌により、多くの人々が銀行に殺到する取り付け騒ぎがおこった。

問５　次の新聞記事Ａ・Ｂの説明の組合せとして正しいものを、下の①～④のうちから一つ選べ。〈高認 H. 30-1 日・改〉

A

東京朝日新聞　夕刊

奉天驛（駅）に近づける矢先

張氏の列車爆破さる

張作霖氏始め負傷多数

滿鐵（満鉄）陸橋も破壊さる

ア　Ａの事件の責任者を厳重処分にできなかった当時の内閣は責任をとって退陣した。

イ　Ａの事件をきっかけとして、関東軍は満州における軍事行動を開始した。

B

東京朝日新聞　夕刊

今朝、濱（浜）口總（総）理大臣

東京驛（駅）頭で要撃さる

犯人は現場で直に捕縛

彈（弾）丸は下腹部深く留まる

令息の輸血で體力を回復

ウ　Ｂの事件がおこったときの内閣は、朝鮮半島における二個師団の増設をめぐって陸軍と対立していた。

エ　Ｂの事件がおこったときの内閣は、補助艦に関する軍縮条約の批准にふみきったことで海軍等から批判を受けていた。

①　ア―ウ　　②　ア―エ　　③　イ―ウ　　④　イ―エ

解答・解説

問1：②

金融恐慌の発端が大蔵大臣片岡直温の失言であったことを覚えていれば正答である②を導き出すことができるでしょう。ア～ウは全て1927年の出来事なので、年号を覚えて正解を導き出すのは困難です。

問2：②

北伐が開始されたのは1926年です。アのモラトリアム（支払い猶予令）は1927年の金融恐慌で若槻礼次郎辞職後の田中義一内閣で発令されています。イの金融恐慌を理由に総辞職したのは若槻礼次郎内閣で、1927年に台湾銀行を救済する緊急勅令案発布が否決されての出来事です。ウの張作霖爆殺事件は1928年の出来事です。

問3：①

ロンドン海軍軍縮条約は日本・アメリカ・イギリスの３か国間で補助鑑の保有比率を定めたものです。これは各国間で協調するための条約であり、浜口雄幸内閣のときに締結されました。したがって、①が正解となります。なお、②③④は協調のためではなく、対立していた結果の出来事です。

問4：②

不適切なものを選びます、北伐を行ったのは、若槻礼次郎内閣の次に組閣をした田中義一内閣です。したがって、②が正解です。

問5：②

Aの事件は、「張氏の列車爆破させる」というところから、張作霖爆殺事件であるとわかります。この事件は当初、中国人が行ったものだとされていましたが、戦後の東京裁判で関東軍(中国駐留の日本軍)によって実行されたことが明らかになりました。政府・陸軍も総理大臣もそれを認め、主犯の河本を退役させましたが、軍法会議にかけることはしませんでした。この処置に不満を持った昭和天皇が直接首相を非難したため、田中義一内閣は総辞職しました。Bの事件は「浜口総理大臣東京駅頭で要撃される」という部分からワシントン海軍軍縮条約に調印した浜口雄幸内閣を連想できます。イは盧溝橋事件、ウは明治後期～大正時代の出来事です。

6. 世界恐慌とファシズムの台頭

世界恐慌をきっかけに、第二次世界大戦がおこります。いくつもの国でおこった出来事を学びますので、ひととおり目を通したら、それぞれの出来事がどの国でおこったのかを整理するようにしましょう。

Hop ｜重要事項

世界恐慌

1929 年 10 月、アメリカのニューヨークで株価が大暴落したことから、世界恐慌が発生しました。銀行・企業の倒産や失業者が増大し、経済にも打撃を与え、恐慌は全世界に広がりました。アメリカのフーヴァー大統領は「資本主義は自然回復する」として対策を講じなかったため、恐慌は深刻化しました。

1932 年に当選した民主党のフランクリン＝ローズヴェルト大統領はニューディール政策によって恐慌克服のため経済活動に干渉していくことを決めました。また、外交においては善隣（ぜんりん）外交によるラテンアメリカ諸国との友好に努め、1933 年にはソ連を承認しました。

《 各国の恐慌への対応 》

【アメリカ】

◉ ニューディール政策 …… 農業調整法、全国産業復興法、ワグナー法などを制定
テネシー川流域開発公社を設立し雇用増大をめざす

【イギリス】

◉ マクドナルド内閣の対応 …… 1931 年：挙国（きょこく）一致内閣を成立させ、金本位制を停止。財政削減をめざす
1932 年：オタワ連邦会議（イギリス連邦経済会議）
ブロック経済政策の採用を決定

関連用語

◉ ブロック経済 …… 本国・植民地・自治領間の関税を引き下げ、他国には高関税を課すことで自己市場の景気回復をめざす経済政策

参 考 ニューディール対策に関する法律

◉ 農業調整法…… 農作物の価格上昇をめざした法律

◉ 全国産業復興法…… 企業の不正を正し、労働者の賃金上昇や権利向上をめざした法律

◉ ワグナー法 …… 労働組合について、労働者の団結権や団体交渉権を確定した法律

ブロック経済はアメリカやイギリス、フランスでも行われました。広大な植民地を保有していたこれらの３国には一定の効果がありましたが、植民地を失ったドイツは窮地（きゅうち）に陥（おちい）ってしまいます。

ファシズムの台頭

ファシズムとは、近代民主主義を否定し、個人の自由より国家全体の利益を優先させる思想で、強力な独裁者によって政治が進められていきます。この立場をとったのがイタリア・ドイツ・日本で、国家による強力な統制で国家危機から脱却しようとしました。

イタリア

ムッソリーニのファシスト党がローマ進軍（クーデタ）をおこしたことで政権を獲得し、一党独裁体制を成立させました。1935 年にエチオピアを侵略し、スペイン内戦後にドイツに接近してベルリン＝ローマ枢軸を結成しました。

ドイツ

世界恐慌によって社会不安が高まるドイツでは、ヒトラー率いるナチ党（国家社会主義ドイツ労働者党）がラジオや新聞、映画などのメディアや演説によって大衆の支持を得て、1933 年にヒトラー政権（内閣）が成立しました。同年に国会議事堂放火事件で元共産党員が逮捕されると、ヒトラーは共産党を非合法化し、全権委任法でナチ党以外の全政党を解散させた政府に権力を集中させました。この頃のドイツではユダヤ人は異質・劣等として絶滅政策（ホロコースト）の対象となり、アウシュヴィッツ強制収容所などによる虐殺（ぎゃくさつ）が行われました。1936 年、ドイツはソ連への警戒心から日独防共協定を結びます。翌年にはイタリアが参加して日独伊三国防共協定となりました。

コラム アンネの日記

ユダヤ人のうち労働力としての価値がないと判断された者は収容所に送られ虐殺されました。ナチスによって行われたこのような政策をホロコーストといいます。当時のことはいろいろな本や映画として残されています。そのうちのひとつ『アンネの日記』では、ユダヤ人の少女アンネ＝フランクが収容されるまでの日常や感じていたことが書かれています。

スペイン内戦とファシズムの伸長

1936年、スペインで反ファシズムを掲げる人民戦線政府が成立すると、フランコ将軍はこれに反乱をおこし、スペイン内戦が発生しました。この内戦に対してイギリスとフランスは不干渉政策を掲げましたが、ドイツとイタリアがフランコ将軍を支持すると、反ファシズムのソ連は国際義勇軍とともに人民戦線内閣を支持しました。その後、人民戦線政府は内部分裂によって弱体化し、1939年に反乱軍側の勝利で終結しました。これをきっかけに、スペインではファシズム勢力が伸長していきます。

ファシズムの考えをもつドイツ・イタリア・日本の３か国は、この先におこる第二次世界大戦の敗戦国です。この３か国はこの後、第二次世界大戦に向かってどのように動いていくのでしょうか……？

日本の対外政策とファシズム

日本は恐慌と関東大震災により大打撃を受け、その打開策を対外進出に求めた軍部が支持を集めました。軍部は中国東北部（満州）に進出し、影響力を強めていきました。

張作霖爆殺事件（p. 145 参照）後、1931年に関東軍（在中の日本軍）は柳条湖で鉄道爆破事件をおこしたことで満州事変が勃発しました。

《 関東軍の動きと日本政府の対応 》

1931年：関東軍が柳条湖で鉄道爆破事件をおこし、これを中国軍の仕業として軍事進行を開始（柳条湖事件）

第二次若槻礼次郎内閣は不拡大方針を公表するが、関東軍はその後も戦いを続ける

関東軍は満州の主要都市を占拠。溥儀を皇帝として満州国を建国（満州事変）。斎藤実内閣は満州国との間で日満議定書を締結し、満州国を承認

関連用語

- ◉ 関東軍 …… 中国東北地方に置かれた日本軍
- ◉ 溥儀 …… 清朝最後の皇帝。満州国の建国にあたり、ふたたび皇帝となった
- ◉ 日満議定書 …… 日本と満州の間で結ばれた取り決め。満州国建国の承認、満州における日本の権利・利益、日本軍の満州駐留承認が定められた

満州事変に対して国際連盟から派遣されたリットン調査団は、満州国を認めませんでした。日本はこれを不服として、1933 年に国連を脱退しました。その後も、ワシントン海軍軍縮条約 (p. 125 参照) などを破棄し、国際的に孤立していきました。

政党内閣の終焉と軍部政権の台頭

満州事変のさなかに、1931 年に犬養毅内閣が成立しました。このときの大蔵大臣高橋是清の対策により経済は回復し、世界恐慌による不況から脱することに成功しました。

《 犬養毅内閣と経済対策 》

◉ 赤字公債を発行することで財政を膨張させ、軍事予算を増強
　➡ 軍事費が増加したことで重化学工業が発展
◉ 浜口雄幸内閣で解禁した金輸出を再禁止し、管理通貨制度に移行
　➡ 円安が進んだことで輸出が増加し、世界恐慌以前の生産水準に回復。多くの輸出需要に応えることができるようになったことから、欧米との間に貿易摩擦が発生した

関連用語

◉ 赤字公債 …… 国家の予算の不足分を補うために発行する債権
◉ 管理通貨制度 …… 政府が通貨の最高発行額を管理・調整する制度
◉ 貿易摩擦 …… 輸出国と輸入国との間でおきる問題のこと

軍部は、犬養毅内閣の満州国不拡大方針に対して不満を募らせていました。そして、1932 年 5 月 15 日、海軍青年将校らが犬養毅を射殺するという事件がおこりました（五・一五事件）。さらに、1936 年 2 月 26 日には皇道派の青年将校が高橋是清らを殺害し、首相官邸とその周辺を占拠する事件がおこりました（二・二六事件）。この反乱は鎮圧されましたが、徐々に政治における軍の勢力が拡大し、亡き犬養の次には海軍出身の斎藤実が内閣を組織しました。

《 犬養暗殺後の内閣 》

◉ 斎藤実内閣 …… 日満議定書で満州国を承認、国際連盟を脱退
◉ 岡田啓介内閣 …… 二・二六事件がおこる
◉ 広田弘毅内閣 …… ソ連を仮想敵国とした日独防共協定を締結

中国の内戦と日中戦争

中国では国民党が中国を統一して国民政府を樹立しましたが（p. 136 参照）、1931 年に共産党の毛沢東が瑞金に中華ソヴィエト共和国を樹立すると、中国国内では以下のような内戦状態に陥りました。

【国民党】　蔣介石		【共産党】　毛沢東
共産党を撲滅して完全統一をめざす	VS	国民党の攻撃から逃れようと長征を開始。根拠地を瑞金から延安に移す

この間にも日本は中国東北部の占領政策を続け、勢力範囲を北京付近まで広げていきました。この状況に対して、1935 年に共産党が八・一宣言を発表し、国民党と共産党が協力して抗日民族統一戦線を結成することと、内戦を停止することを呼びかけました。さらに、張学良が蔣介石を幽閉し、抗日を説得する西安事件を経て第二次国共合作、抗日民族統一戦線が実現しました。

日中戦争の勃発

1937 年、北京郊外で日本と国民党が軍事衝突した盧溝橋事件がおこりました。この事件をきっかけに全面的な交戦に突入し、日中戦争が勃発しました。当初は日中間で和平交渉が進められましたが、近衛文麿首相は和平の道を閉ざしてしまいました。

日本軍が南京を占領すると、中国の国民政府は重慶に移って抵抗を続けました。戦局の見通しは立たず戦争は長期化し、日本国民も戦争に協力する体制が整えられました。

《 戦時下の日本 》

- ◉ 国民精神総動員運動（1937 年）…… 国民に戦争協力を呼びかけ、日本国民の協力と精神高揚を図った運動
- ◉ 国家総動員法（1938 年）…… 議会の審議を経ずに、労働力や物資の統率や運用を可能とする法律
- ◉ 大政翼賛会（1940 年）…… 政党を一時的にすべて解散させ、戦時下において上意下達の機関として発足した組織

戦争は国民一丸となって協力しました。日用品が不足し、米は配給制、衣服やマッチなどは切符制となりました。また、国民は軍需工場で武器の製造にも携わりました。

1940 年、統一が進む中国に対し、日本は中国国民政府の汪兆銘に親日の政府である南京国民政府をつくらせますが、失敗に終わります。

（　）問中（　）問正解

■ 各問の空欄に当てはまる語句をそれぞれ①～③のうちから一つずつ選びなさい。

問1　1929 年、アメリカのニューヨークで株価が大暴落したことから、(　　　　) が発生した。
① 世界恐慌　② 戦後恐慌　③ 金融恐慌

問2　フランクリン＝ローズヴェルト大統領が恐慌克服のために行った一連の政策を (　　　　) と呼ぶ。
① ニューフロンティア　② ニューディール　③ カリブ海政策

問3　恐慌対策として、本国と植民地、自治領間の関税を下げ、他国には高関税を課す政策を (　　　　) と呼ぶ。
① ブロック経済　② ニューディール　③ 全体主義

問4　ファシスト党を率いて、イタリアの権力を握った人物は (　　　　) である。
① ヒトラー　② スターリン　③ ムッソリーニ

問5　ドイツでは 1933 年に (　　　　) が内閣を成立させ、全権委任法でナチス以外の全政党を解散させ、政府に権力を集中させた。
① ヒトラー　② スターリン　③ ムッソリーニ

問6　スペインで反ファシズムを掲げる人民戦政府が成立したことに対し、フランコ将軍が反乱をおこしたことで (　　　　) が発生した。
① スペイン内戦　② スペイン継承戦争　③ 国共内戦

問7　1931 年、関東軍が柳条湖で鉄道爆破事件をおこしたことで、(　　　　) が勃発した。
① 日中戦争　② 北清事変　③ 満州事変

解答

問1：①　問2：②　問3：①　問4：③　問5：①　問6：①　問7：③

問８　張学良が蔣介石を幽閉し、抗日を説得する（　　　　）により、第二次国共合作と抗日民族統一戦線が実現した。

①　西安事件　　②　済南事件　　③　義和団事件

問９　北京郊外で日本と国民党が軍事衝突した盧溝橋事件により、（　　　　）が勃発した。

①　太平洋戦争　　②　日清戦争　　③　日中戦争

問10　戦時下の日本において、近衛文麿内閣は議会の審議を経ずに、労働力や物資の統率や運用を可能とする（　　　　）を制定した。

①　大政翼賛会　　②　国民精神総動員運動　　③　国家総動員法

解　答

問８：①　問９：③　問10：③

（　）問中（　）問正解

■ 次の問いを読み、問１～問５に答えよ。

問1　ドイツで、1933 年 1 月に政権をとった人物を次の①～④のうちから一つ選べ。〈高認 H. 30-2 世・改〉

①

ド＝ゴール

②

ニクソン

③

ヒトラー

④

ブラント

問2　アメリカ合衆国の 1930 年代のようすについて述べた文として適切なものを、次の①～④のうちから一つ選べ。〈高認 H. 28-2 世・改〉

① ボストン茶会事件がおこった。　② ポエニ戦争がおこった。
③ ニューディール政策が行われた。　④ アンコール＝ワットが造営された。

問3　満洲事変について述べた文として適切なものを、次の①～④のうちから一つ選べ。〈高認 H. 29-1 世・改〉

① 日本が国際連盟を脱退する契機となった。
②「扶清滅洋」をスローガンに掲げた。
③ 孫文が臨時大総統となった。
④ 聖像禁止令が発布された。

問４　満州国建国後のできごととして適切なものを､次の①～④のうちから一つ選べ。

〈高認 R. 1-2 日・改〉

① 列強の中国進出への反発から義和団が蜂起した。
② 張作霖が奉天郊外で日本軍に爆殺された。
③ 日本政府は、中国に対し二十一カ条の要求を提出した。
④ 満州・モンゴル国境のノモンハンで、武力紛争がおこった。

問５　ヒトラーについて述べた文として適切なものを、次の①～④のうちから一つ選べ。〈高認 R. 2-1 世・改〉

① 全権委任法を成立させ、一党独裁を実現した
② アラブ人の特権を廃止し、イスラーム法に基づく政治を行った。
③ ドイモイ政策を行い、市場経済を取り込んだ。
④ 十字軍遠征を行い、聖地イェルサレムの奪還を目指した。

解答・解説

問 1：③

①について、ド＝ゴールは第二次世界大戦期からその後にかけて活躍したフランスの人物なので、不適切です。ド＝ゴールは、第二次世界大戦中にロンドンで自由フランス政府を樹立し、レジスタンスを引き起こしました。②について、ニクソンは 1970 年代前半のアメリカ大統領なので、不適切です。ニクソンが大統領の時、ベトナム戦争やドル・ショックが起こりました。③について、ヒトラーは第二次世界大戦期にドイツで実権を握っていた人物なので、適切です。ヒトラーは反ユダヤ主義を掲げて、全権委任法の制定などによって独裁体制を築いた人物です。④について、ブラントは冷戦期に活躍したドイツの人物なので、不適切です。西ドイツのブラントは、東方外交と呼ばれる、東側諸国との関係性を改善しようとする外交政策を展開した人物です。したがって、正解は③となります。

問 2：③

①のボストン茶会事件は 1773 年に起こりました。②のポエニ戦争は紀元前 3 世紀～紀元前 2 世紀にかけて 3 回起こりました。④のアンコール＝ワットは 12 世紀前半に造営されました。

問 3：①

①について、満州事変での出来事がリットン調査団の派遣など国際連盟で審議され、その結果に不服だった日本は国際連盟を脱退しました。②について、「扶清滅洋」をスローガンに掲げたのは、列強の中国分割に反対して起こった義和団事件のときです。③について，孫文が臨時大総統となったのは，辛亥革命後の 1912 年に中華民国が成立したときです。④について、聖像禁止令が出されたのは 730 年の東ローマ帝国で、当時の皇帝レオン 3 世によって出されました。したがって、正解は①となります。

問 4：④

満州国の建国は満州事変後の 1932 年の出来事です。①の義和団事件は、1900 年に「扶清滅洋」をスローガンに外国排斥運動が行われた事件です。②の張作霖爆殺事件は 1928 年、③の二十一カ条の要求は第一次世界大戦中の 1915 年、④のノモンハン事件は 1935 年に起きた満州国とモンゴルの国境付近で起こった関東軍（日本）とソ連の軍事衝突です。

問５：①

①について、ヒトラー内閣が成立させた全権委任法は内閣に対し絶対的権限を与えたものです。②は８～13 世紀に北アフリカから中央アジアに存在したアッバース朝の政治方針です。③のドイモイ政策は、1986 年のベトナム共産党委員会によって定められた社会主義下での市場経済導入を中心とした経済再建政策を指します。④の 11 世紀末～13 世紀末までの間にキリスト教勢力がイスラーム圏に向けて行った軍事行動のことです。したがって、正解は①となります。

7. 第二次世界大戦

第二次世界大戦は、歴史上ひとつの大きな区切りとなる戦いです。ひととおり知識を身につけたら、歴史上の各出来事がどの国においておこったのかを整理しておきましょう。

Hop ｜重要事項

ドイツの軍事侵攻と第二次世界大戦

ヴェルサイユ体制（p. 124 参照）の打破をめざすヒトラーは、ヴェルサイユ条約の軍事制限を破棄（はき）して再軍備を進めていきました。1936 年にはラインラントに進駐し、ロカルノ条約（p. 125 参照）を破棄しました。1938 年に**オーストリアを併合**し、チェコスロヴァキアのズデーテン地方の割譲（かつじょう）を要求すると、イギリス、フランス、ドイツ、イタリアによって**ミュンヘン会談**が開かれました。イギリス首相チェンバレンが**宥和（ゆうわ）政策**を提唱したことにより、ズデーテン地方以外の地域には進出しないことを条件にドイツの侵略は黙認されました。しかし、ドイツはミュンヘン会談における合意に反して**チェコスロヴァキアを解体**し、その大半を併合します。イギリスとフランスは宥和政策を捨てソ連と同盟を結ぼうとしますが、この動きに不信感をもったソ連はドイツとの間に**独ソ不可侵条約**を結びました。

関連用語

- ◉ 宥和政策 …… 協議や譲歩によって衝突を防ごうとする外交方針。20 世紀のヨーロッパでは、ドイツが反共産主義の立場をとるのであれば、軍事的侵攻による侵略で支配地を広げることを黙認された
- ◉ 割譲 …… 領土の一部を他国に渡すこと

第二次世界大戦の勃発

1939 年 9 月、ドイツが**ポーランドに侵攻**したことからイギリスとフランスはドイツに宣戦布告し、**第二次世界大戦**が開戦しました。また、ソ連もドイツとの秘密協定を理由にポーランドを侵攻・分割し、さらにフィンランド、続いてバルト三国へと兵を進めました。

《 第二次世界大戦の戦局 》

◉ ドイツ軍がポーランド・デンマーク・ノルウェー・オランダ・ベルギー・フランスに侵入

フランスの北半分をドイツが占領。南半分はドイツに協力的なペタン（ヴィシー）政府が統治。フランスのド＝ゴール首相はイギリスに亡命。自由フランス政府を樹立。徹底抗戦を呼びかける

◉ イギリス …… 1940 年に首相となったチャーチルは、ドイツ軍の上陸を阻止する

◉ 日独伊三国同盟（1940 年）…… ファシズム国家による同盟が結成される。ドイツはイタリアを支援するためバルカン半島に進出

◉ 1941 年、ドイツが独ソ不可侵条約を破ってソ連に侵入したため独ソ戦が開戦

ソ連はドイツに対抗するためイギリス・アメリカと協調

◉ ローズヴェルト米大統領とチャーチル英首相は、戦後の国際秩序に関する構想として大西洋憲章を発表

第二次世界大戦下の日本

1937 年に日中戦争（p. 156 参照）のさなかにあった日本は、1939 年に第二次世界大戦がはじまると、当初優勢であったドイツと同盟を結ぶ選択をします。1940 年に日独伊三国同盟を結び、日中戦争の解決をめざしました。

フランスがドイツに降伏したのを見て、日本は援蔣（えんしょう）ルートの遮断と資源獲得を目的に、フランス領インドシナに侵攻しました（南方進出）。1941 年には、日ソ中立条約を結んで北方の安全を確保しました。しかし、これらの選択はアメリカやイギリスを刺激し、両国は日本に経済制裁を行い対立を深めました。

関連用語

◉ 援蔣ルート …… アメリカとイギリスが蔣介石政権に対し、軍事物資を援助するために使用された道。東南アジアや中国南部を経由する複数の道が存在した

◉ フランス領インドシナ …… 東南アジアのインドシナ半島にあるフランスの領土

◉ ABCD 包囲網 …… アメリカ・イギリス・中国・オランダによる経済制裁。これにより日本は石油や鉄くずなど、戦争に必要な物資の入手が困難となった

日米交渉と決裂

第二次近衛文麿内閣は、アメリカとの関係改善のためにハル国務長官との間で**日米交渉**を行っていましたが、交渉は難航しました。陸軍統制派の**東条英機**（とうじょうひでき）が内閣を組織すると、アメリカはハル = ノートを提示し、妥協を許さない姿勢で日本に臨みました。交渉は決裂し、日本はアメリカと戦う道を選びました。

関連用語

◉ ハル = ノート …… 中国や仏領インドシナからの撤退など、満州事変以前の状態に戻すことを要求した文書

太平洋戦争

1941 年 12 月、日本はハワイの**真珠湾を奇襲攻撃**し、アメリカとイギリスに宣戦布告して**太平洋戦争**に突入しました。当初は日本軍が優勢であり、東南アジアにおけるヨーロッパの植民地を次々に占領し、**大東亜共栄圏**（だいとうあ）を築くことを目標とします。しかし、1942 年に**ミッドウェー海戦**で日本軍が大敗し、さらにガダルカナル島での戦いに敗北したところから戦局は悪化していきました。兵力不足により、1943 年には**学徒出陣**が行われるようになりました。

1944 年、サイパン島の陥落以降、アメリカ軍による本土空襲が増えていきました。都市部の子どもが都市を離れる**学童疎開**（そかい）もはじまりました。東京では 1945 年 3 月 10 日に大空襲があり、約 10 万人が焼死しました。

関連用語

◉ 大東亜共栄圏 …… 欧米列強からアジアを救い、日本を中心としたアジアの繁栄と秩序を築くことをうたったスローガン

◉ 満州移民 …… 満州の開拓を目的に渡った日本人

◉ 皇民化政策 …… 朝鮮・台湾・沖縄に対して、日本の制度や文化を強制した政策。名前を日本式に変更する創氏改名はそのひとつ

日本は朝鮮や台湾で徴兵を行い、戦争に向かわせたり、労働力として強制的に働かせたりしました。日本が占領した地域の民衆は抗日運動を行い抵抗しましたが、日本は武力で抑圧しました。

終戦への道のり

ヨーロッパ

アメリカの参戦によって、1942 年から連合国側は総反撃に転じました。アメリカは太平洋地域の日本軍を次々に撃破し、ソ連は**スターリングラード**でドイツ軍を撃破しました。連合軍がイタリア本土に迫るとムッソリーニが失脚し、**イタリア新政府**が**無条件降伏**を宣言しました。

《ヨーロッパの動き》

- テヘラン会談（1943 年）…… ローズヴェルト（米）・チャーチル（英）・スターリン（ソ）らが、ドイツに占領されている北フランスのノルマンディー上陸を計画。パリを解放させる
- ヤルタ会談（1945 年）…… ドイツの戦後処理とソ連の対日参戦が決定

パリ解放後、ソ連は東からドイツに進撃。２月にドイツの都市ドレスデンが空襲される。ドイツは東西で総崩れとなり４月にヒトラーが自殺。５月にドイツは無条件降伏を宣言

日本

1943 年、**カイロ会談**でローズヴェルト（米）・チャーチル（英）・蒋介石（中）が対日処理方針を定めたカイロ宣言を発表し、日本に降伏を要求しましたが、日本は抵抗を続けました。1945 年３月のアメリカ軍**沖縄上陸**以降、本土への空襲も激しさを増し、日本の敗戦は決定的になっていきました。７月の**ポツダム会談**ではトルーマン（米）・チャーチル（英、途中でアトリーと代わる）・スターリン（ソ）らが日本の無条件降伏を求める**ポツダム宣言**を発表します。８月のソ連の対日宣戦、８月６日には広島、８月９日には長崎への**原爆投下**を経て８月 14 日に日本がポツダム宣言を受諾し、第二次世界大戦が終結しました。

日本の降伏文書には、歴代唯一の皇族出身の首相である、**東久邇宮稔彦**(ひがしくにのみやなるひこ)が調印しました。

Step ｜基礎問題

（　）問中（　）問正解

■ 各問の空欄に当てはまる語句をそれぞれ①～③のうちから一つずつ選びなさい。

問1　チェコスロヴァキアのズデーテン地方のドイツ併合を認めた会談を（　　　）という。
① テヘラン会談　② カイロ会談　③ ミュンヘン会談

問2　1939年9月、ドイツがポーランドに侵攻したことからイギリスとフランスはドイツに宣戦布告し、（　　　）が開戦した。
① 第一次世界大戦　② 第二次世界大戦　③ 独ソ戦

問3　1940年、ドイツ・イタリア・日本によって日独伊（　　　）が結成された。
① 三国同盟　② 三国協商　③ 三帝同盟

問4　1941年、ドイツが独ソ不可侵条約を破ってソ連に侵入したため（　　　）が開戦した。
① 第一次世界大戦　② 第二次世界大戦　③ 独ソ戦

問5　日本がフランス領インドシナに侵攻したことに対し、アメリカ・イギリス・中国・オランダは（　　　）で経済制裁を行った。
① 保護貿易　② ニューディール政策　③ ABCD包囲網

問6　1941年、日本はハワイの真珠湾を奇襲攻撃し、アメリカとイギリスに宣戦布告したことで（　　　）がはじまった。
① 太平洋戦争　② 日中戦争　③ 本土空襲

問7　1942年の（　　　）の敗北で、日本の戦局は劣勢に転じた。
① ハワイ真珠湾攻撃　② ミッドウェー海戦　③ サイパン島陥落

問1：③　問2：②　問3：①　問4：③　問5：③　問6：①　問7：②

問8　1945年の（　　　　）で、ドイツの戦後処理とソ連の対日参戦が決定した。

①ヤルタ会談　②マルタ会談　③ポツダム会談

問9　1945年の（　　　　）では、米・英・ソにより日本の無条件降伏を求める宣言を発表した。

①ヤルタ会談　②マルタ会談　③ポツダム会談

問10　アメリカは人類史上初めての原子爆弾を1945年8月6日に日本の（　　　　）に投下した。

①広島　②長崎　③福岡

解　答

問8：①　問9：③　問10：①

（　）問中（　）問正解

■ 次の問いを読み、問１～問５に答えよ。

問１　第二次世界大戦中の出来事について述べた文として適切なものを、次の①～④のうちから一つ選べ。〈高認 H. 30-2 世・改〉

① 血の日曜日事件が発生した。
② 大西洋憲章が発表された。
③ トラファルガーの海戦が行われた。
④ モンロー宣言が発表された。

問２　カイロ会談の内容について述べた文として適切なものを、下の①～④のうちから一つ選べ。〈高認 H. 29-2 世・改〉

① スイスの永世中立国化を認めた。
② 日本に降伏を要求した。
③ 冷戦の終結が宣言された。
④ パレスチナ暫定自治協定が成立した。

問３　1940 年ドイツ軍のパリ侵攻に関して、第二次世界大戦中におこった出来事を、次の①～④のうちから一つ選べ。〈高認 H. 29-1 世・改〉

① テルミドールのクーデタ　② プラッシーの戦い
③ ノルマンディー上陸作戦　④ ファショダ事件

問４　ドイツを降伏させた後に行われた、ドイツの戦後処理と日本の降伏についての話し合いを、次の①～④のうちからひとつ選べ。〈高認 R. 1-2 世・改〉

① トリエント公会議　② ミュンヘン会談
③ アジア＝アフリカ会議（バンドン会議）　④ ポツダム会談

問５　太平洋戦争に関して、次の文が説明している地域の略地図中のおよその位置と、［A］に当てはまる語句との組合せとして正しいものを、下の①～④のうちから一つ選べ。〈高認 H. 30-1 世・改〉

> この地域は［A］による植民地支配のもとにあったが、太平洋戦争中に日本軍により占領され、軍政下におかれた。1945 年に日本が降伏すると、その直後にスカルノらが独立を宣言した。

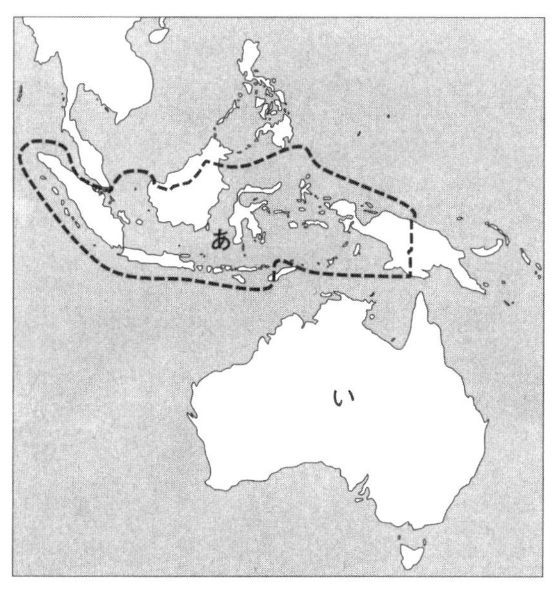

	位置	A
①	あ	フランス
②	あ	オランダ
③	い	フランス
④	い	オランダ

解答・解説

問 1：②

①について、血の日曜日事件が発生したのは、第一次世界大戦前の 1905 年のロシアなので、不適切です。この事件がきっかけとなって、ロシア第一革命が起こりました。②について、大西洋憲章が発表されたのは第二次世界大戦中の 1941 年なので、適切です。この憲章は、当時のアメリカ大統領のフランクリン＝ローズヴェルトと、イギリス首相のチャーチルによって調印されました。③について、トラファルガーの海戦が行われたのはナポレオン戦争期の 1805 年なので、不適切です。この海戦において、フランスはイギリス艦隊の司令官ネルソンの活躍によって打ち負かされ大きな打撃を受けました。④について、モンロー宣言が発表されたのは 1832 年のことなので、不適切です。この宣言は、当時のアメリカ大統領のモンローによって発表され、アメリカ大陸とヨーロッパ大陸の相互不干渉が提唱されました。したがって、正解は②となります。

問 2：②

①について、スイスを永世中立国として認めたのは、メッテルニヒの主導で行われた 1815 年のウィーン会議です。②について、日本に降伏を要求したのは 1943 年に行われたカイロ会談です。カイロ会談で発表されたカイロ宣言に基づいて、ポツダム宣言が起草されました。③について、冷戦の終結が宣言されたのは、1989 年にアメリカとソ連の間で行われたマルタ会談です。④について、パレスチナ暫定自治協定が成立したのは、1993 年にイスラエルとパレスチナ解放機構の間で行われたオスロ合意です。したがって、正解は②となります。

問 3：③

①のテルミドールのクーデタは、18 世紀末のフランスで、ロベスピエールの独裁に民衆が反発して起こった出来事です。②のプラッシーの戦いとは、インドで起こった、イギリスとフランスの七年戦争の最中に行われた戦いです。この戦いに勝利したイギリスが戦局を大きく有利にし、最終的にインドからフランス勢力を追放しました。③のノルマンディー上陸作戦は、第二次世界大戦のときに行われた、ドイツが占領するフランス領土に侵攻した作戦です。④のファショダ事件とは、19 世紀末にアフリカで起こった，大陸縦貫政策を行っていたイギリスと、大陸横貫政策を行っていたフランスが衝突した事件です。したがって、正解は③となります。

問４：④

①について、トリエント公会議は 1545 年に行われた宗教会議なので、誤りです。この公会議は宗教改革の頃に行われ、カトリックによる対抗宗教改革の始まりとなりました。②について、ミュンヘン会談は第一次世界大戦直前の 1938 年に行われた、ズデーテン地方の領有をめぐる会議なので、誤りです。当時のドイツではアドルフ＝ヒトラーによる独裁体制が築かれていました。③について、アジア＝アフリカ会議（バンドン会議）は 1955 年に行われた、第三世界の会議なので、誤りです。この会議には、インド首相のネルーや、中華人民共和国首相の周恩来、インドネシア大統領のスカルノらが出席しました。④について、ポツダム会談とは 1945 年に行われた、ドイツの戦後処理と日本の降伏について話し合った会議なので、正しいです。この会議で取り決められたポツダム宣言を受諾する形で、日本は降伏しました。したがって、正解は④となります。

問５：②

文中に「太平洋戦争中に日本軍により支配され」とあることから、東南アジア地域であることがわかります。また、「スカルノらが独立を宣言した」とあることから、インドネシアが含まれていることが確認できます。よって、正しい位置は「あ」となります。一方、「い」はオーストラリアで、イギリスの支配を受けていましたが、1901 年には事実上の独立を果たしています。次に、「あ」の地域は、当時オランダ領東インドとして植民地支配されていました。一方、フランスが植民地支配を行っていたのは、現在のベトナムにあたるフランス領インドシナです。したがって、正解は②となります。

第3章
一体化する世界

下の世界地図は、第３章で登場する国々や地域をおおまかに示した概要地図です！　学習しながら、ときどきこのページに戻って国や地域の位置を確認しましょう！

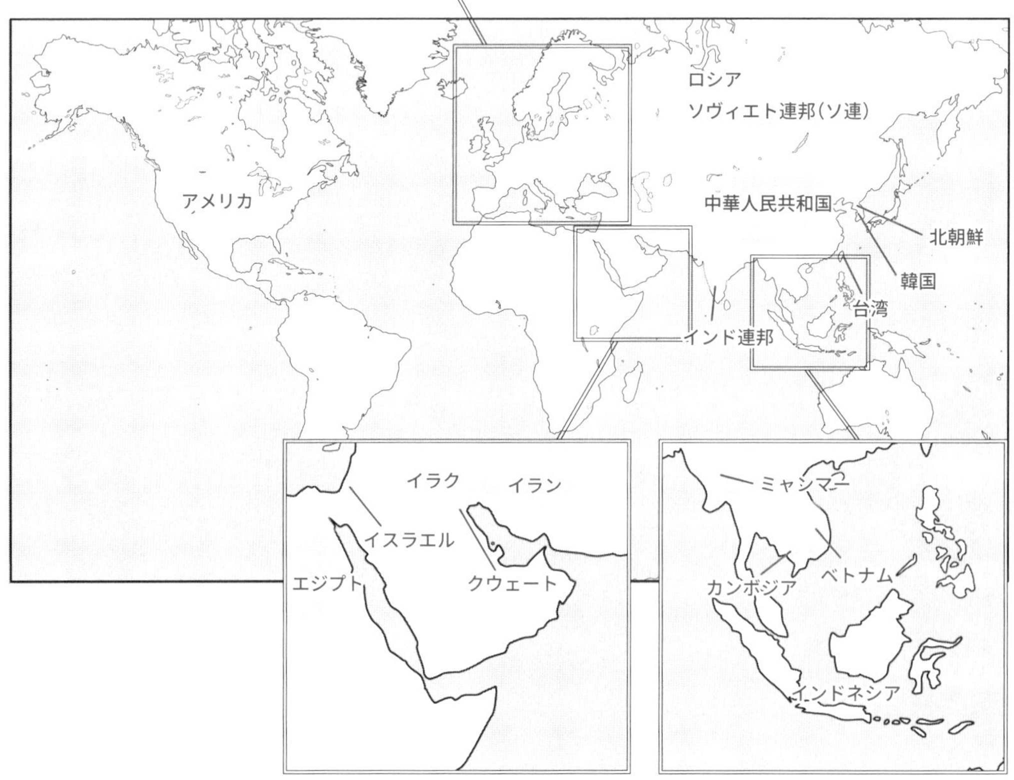

1. 戦後の国際秩序とヨーロッパ

この章からは、第二次世界大戦後から現在に至るまでの歴史を学習します。まずは赤字を中心に用語を覚えていき、戦後の出来事としてほかの時代と整理して学習してみてください。

Hop｜重要事項

戦後の世界と国際秩序

国際連合

第二次世界大戦後、新たな国際秩序を構築すべく話し合いの場が設けられました。1945 年のサンフランシスコ会議で国際連合憲章が採択されたことにより、ニューヨークを本部として国際連合が発足しました。なお、日本は 1956 年に日ソ共同宣言でソ連と国交を回復した後に国連に加盟しています。

参 考　国際連合の構成

◉ 総会 …… 全加盟国で構成。各国が１票の投票権をもち、国連の機能全般について討議・勧告する。国連内部の問題以外は勧告権限しかない

◉ 安全保障理事会 …… 常任理事国５か国と非常任理事国 10 か国により構成。国際平和と安全の維持に関して主要な責任をもつ。国連憲章第７章の制裁措置を決定することができる（法的拘束力あり）

常任理事国はアメリカ・イギリス・フランス・中国・ソ連で、第二次世界大戦の戦勝国ですね。これらの国には拒否権が与えられており、国際平和に関わる重要事項は５か国すべてが同意して物事が動く仕組みが取られました。

戦後の経済秩序

第二次世界大戦は、1929 年におこった世界恐慌時に各国がとったブロック経済（植民地など限られた国としか貿易しないこと）が原因のひとつでした（p. 152 参照）。そこで、戦後の経済秩序はこの反省を基に整備されていきました。

《 国際通貨体制 》

1944 年、戦後経済の安定を図るために連合国 44 か国間でブレトン＝ウッズ会議が開かれ、ドルを基軸通貨とする固定相場制の仕組みや（ブレトン＝ウッズ体制）、IMF、IBRD の発足を決定しました。

◉ ブレトン＝ウッズ体制（IMF 体制）…… 金との交換を保証されたドルを基軸とする固定為替相場制（通貨価値の安定をめざす）
※各国の通貨を決められた額のドルと交換する

◉ 国際通貨基金（IMF）…… 国際収支赤字国への融資、通貨危機時に金融支援を行う

◉ 国際復興開発銀行（IBRD、世界銀行）…… 発展途上国の開発のために長期融資を行う

《 国際貿易体制 》

各国間の貿易については、世界恐慌時に各国が行ったブロック体制（保護貿易）の反省をもとに、自由貿易を推進する仕組みを整備しました。

◉ 関税及び貿易に関する一般協定（GATT）…… 輸入制限の禁止、関税の引き下げを目的とする

◉ 世界貿易機関（WTO）…… 1995 年に GATT を発展的に改組した国際機関として発足。GATT に比べ、貿易の紛争解決が機能強化される
※ 物品だけでなくサービスや知的財産権も対象になる

冷戦

第二次世界大戦後、アメリカ中心の資本主義陣営（西側諸国）と、ソ連中心の社会主義陣営（東側諸国）の対立がおこりました。この 1945 ～ 1989 年まで続いた対立構造を冷戦といいます。

第二次世界大戦中、東欧諸国はドイツの支配下からソ連軍に解放された過去があります。戦争で甚大な被害を被（こうむ）った東欧諸国では、国が最低限の生活を保障する社会主義的な思想が広がり、ソ連によって共産主義政権が打ち立てられていきました。

資本主義陣営と社会主義陣営は、それぞれが影響力の拡大をめざしました。アメリカ大統領トルーマンはギリシアやトルコに共産主義の影響が強まったことに危機感を抱き、両国の共産主義化を防ぐと宣言しました。これをトルーマン＝ドクトリンといいます。一方、アメリカの影響力拡大に対してソ連がコミンフォルムを形成するなど、にらみ合いが続きました。

《東西２大陣営の対立》

項目	アメリカ（西側諸国）	ソ連（東側諸国）
政治	トルーマン＝ドクトリン	コミンフォルム
経済	マーシャル＝プラン ※西欧に援助	経済相互援助会議（COMECON） ※東欧に援助
軍事同盟	北大西洋条約機構（NATO）	ワルシャワ条約機構（WTO）

東西ドイツの誕生

戦後、ドイツは東西に分割され、西ドイツはイギリス・アメリカ・フランス、東ドイツはソ連によって分割管理されました。東ドイツに位置するドイツの首都ベルリンはさらに東西に分割され、西ベルリンはイギリス・アメリカ・フランス、東ベルリンはソ連が占領しました。

1948年、西ベルリンで地域通貨改革が行われたことに対してソ連が反発し、ベルリン封鎖を実施しました。これをきっかけに東西ドイツは1949年に完全に分裂しました。

東西ドイツ分裂と同年、ソ連が原爆実験に成功したことで米ソ間に核戦争の恐れが生じました。両国は直接的な戦争を避けながらも覇権（はけん）を狙い、冷戦の間は両国間で軍拡競争が続きました。

《東西ドイツの特徴》

◉ 西ドイツ（ドイツ連邦共和国）

アデナウアー首相（西ドイツ初の大統領）のもとで経済成長に尽力。ブラント首相は東方外交で共産主義国との積極的な話し合いを進めた

◉ 東ドイツ（ドイツ民主共和国）

ソ連の支配下で、社会主義経済を行うものの経済は停滞。西ドイツへの亡命が相次いだことから、のちにベルリンの壁が建設された

参考 東西ドイツとベルリン封鎖

英・米・仏が西ドイツで資本主義的な通貨改革を行ったことにソ連が反発し、ソ連は西ドイツと西ベルリンをつなぐルートを封鎖し、西ベルリンは東ドイツに浮かぶ陸の孤島となった。これに対し、資本主義陣営は西ベルリンに空輸で物資を届けた

【鉄のカーテン（チャーチル演説時）】

参考

◉ 鉄のカーテン …… 1946 年にチャーチルが行った演説において用いられた表現。ソ連が社会主義国を統制していることを非難した

冷戦の緊張の高まり

1953 年、ソ連のスターリンが死去すると、フルシチョフ第一書記がスターリン批判を行ったことをきっかけに、資本主義国と社会主義国は歩み寄りを見せるようになりました。しかし、この気運は長くもたず、ふたたび両陣営の緊張が続きました。

1956 年：フルシチョフ第一書記がスターリン批判を行い、資本主義国との平和共存を唱える
1959 年：フルシチョフが訪米。冷戦体制の「雪どけ」の機運が高まる
1960 年：ソ連上空を飛行したアメリカの偵察機をソ連が撃ち落とす

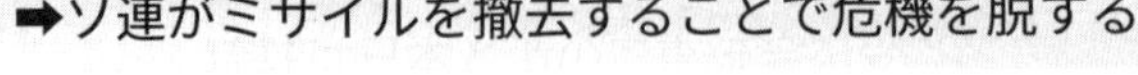

1961 年：東ベルリン政府とソ連は西ドイツとの間にベルリンの壁を築き、ふたたび緊張状態となる
1962 年：ソ連がキューバにミサイル基地の建設を開始。アメリカがミサイル撤去を要求する海上封鎖を実施したキューバ危機が発生（米ソの全面核戦争の危機）
　➡ソ連がミサイルを撤去することで危機を脱する

ベルリンの壁が築かれたのは、東ドイツから西ドイツへ亡命する人々が急増したからです。また、キューバ危機中のキューバの大統領はカストロだったことも知っておきましょう。

緊張緩和から新冷戦へ

フルシチョフの失脚後、ソ連ではブレジネフが政権を握りました。全面的核戦争を回避したキューバ危機の翌年、イギリス・アメリカ・ソ連は**部分的核実験停止条約**を結びました。また、西ドイツのブラント首相の**東方外交**により東西ドイツの融和（ゆうわ）が進み、1973年に東西ドイツの同時国連加盟が実現しました。東西ドイツの関係改善を受けて、ヨーロッパには緊張緩和（デタント）が広がりました。

1979年、**イラン＝イスラーム革命**がおこりました（p. 222 参照）。この影響によりアフガニスタンにイスラーム政権が樹立されることを恐れ、ソ連は親ソ政権保護を目的に**アフガニスタンに侵攻**しました。ここから再度、アメリカとソ連の対立が強まったことを**新冷戦**と呼びます。このとき、アメリカのレーガン大統領はスターウォーズ計画（戦略防衛構想）を発表し、大規模な軍拡に乗り出しました。

関連用語

◉ スターウォーズ計画 …… ソ連の大陸間弾道ミサイルを宇宙ステーションから撃ち落とす計画。アメリカのレーガン大統領によって構想された

冷戦の終結

アメリカとソ連は、長期にわたる冷戦とそれにともなう軍事費の負担で財政赤字となり、ソ連では生活必需品も不足するようになりました。1985年にソ連の**ゴルバチョフ**が共産党書記長に就任すると、**グラスノスチ**（情報公開）などの改革を行いました。一連の改革を**ペレストロイカ**と呼びます。ソ連の経済復活や社会の刷新をめざしました。経済面でも計画経済から市場経済へ移行していき、社会主義国家の性格は次第に薄れていきました。

1986年にウクライナでおこったチェルノブイリ原発事故では、情報伝達の遅れによって多くの住民が被害を受けました。これをきっかけに、ゴルバチョフはソ連の隠ぺい体質を変えようと決意したのです。

《冷戦終結とソ連崩壊》

1985年：ゴルバチョフが共産党書記長に就任。グラスノスチ（情報公開）などのペレストロイカ（建て直し）を行う

1989年：ゴルバチョフ（ソ連）とブッシュ（アメリカ）によるマルタ会談で冷戦の終結が宣言される

1991年：エリツィン大統領のとき、ロシアを中心に11の共和国を結成し、独立国家共同体（CIS）が成立➡ソ連解体

戦後の東欧と民主化

冷戦下の東欧

第二次世界大戦後、東欧諸国はソ連の影響下にありました。ユーゴスラヴィアは第二次世界大戦中から国内外のファシズム勢力と戦ってきたティトーを大統領として独立を果たしました。ユーゴスラヴィア以外の東ヨーロッパの国々でもこのような動きがおこり、人民民主主義革命と呼ばれました。

《東欧諸国の民主化運動》

◉ 1956 年：スターリン批判（p. 178 参照）の影響で、ポーランドとハンガリーで暴動がおこるが、ソ連が弾圧

◉ 1968 年：チェコスロヴァキアで民主化を求めるプラハの春がおこるが、ソ連が弾圧

冷戦後の東欧

冷戦終結を機に、東欧諸国の社会主義体制は崩壊していきました。ポーランドではワレサを指導者とする労働者が自主管理労組「連帯」を組織し、憲法改正によって民主化が実現しました。1990 年にはワレサが大統領に就任しました。

ドイツでは 1989 年に東ドイツ政府がベルリンの壁を開放し、翌年西ドイツのコール首相の主導でドイツの統一が達成されました。また、社会主義陣営を束ねていたワルシャワ条約機構（WTO）と経済相互援助会議（COMECON）は 1991 年に解散しました。

参考　冷戦の流れまとめ

1945 年〜　：冷戦勃発 …… 北大西洋条約機構・ワルシャワ条約機構結成・ドイツ分裂

1950 年代　：「雪どけ」と再緊張 …… 朝鮮戦争・ベトナム戦争・スターリン批判

1960 年代末：緊張緩和 …… 東方外交 ➡ 1970 年代に戦略兵器制限交渉、ヘルシンキ宣言

1970 年代末：新冷戦 …… ソ連のアフガニスタン出兵

1989 年　　：冷戦終結 …… ブッシュ（アメリカ）とゴルバチョフ（ソ連）によるマルタ会談

Step ｜基礎問題

（　）問中（　）問正解

■ 各問の空欄に当てはまる語句をそれぞれ①～③のうちから一つずつ選びなさい。

問１　第二次世界大戦後におこった、アメリカ中心の資本主義陣営とソ連中心の社会主義陣営の対立を（　　　）という。
① 全面戦争　② 冷戦　③ 代理戦争

問２　第二次世界大戦後、西側の資本主義諸国の軍事同盟として（　　　）が結成された。
① 北大西洋条約機構　② ワルシャワ条約機構　③ 中東条約機構

問３　第二次世界大戦後、東側の社会主義諸国の軍事同盟として（　　　）が結成された。
① 北大西洋条約機構　② ワルシャワ条約機構　③ 中東条約機構

問４　スターリンの死後に第一書記となった（　　　）はスターリン批判を行い、冷戦は一時、「雪どけ」となった。
① フルシチョフ　② ゴルバチョフ　③ エリツィン

問５　東ベルリン政府は西ドイツとの間に（　　　）を築き、これは冷戦の象徴的建造物となった。
① 嘆きの壁　② ベルリンの壁　③ ガラスの天井

問６　1962 年の（　　　）では米ソ間で核戦争の危機となったが、これを回避し、両国間にホットラインが設置された。
① キューバ危機　② アフガニスタン侵攻　③ 通貨制度改革

問７　1985 年にソ連の書記長となり、グラスノスチやペレストロイカを進めた人物は（　　　）である。
① フルシチョフ　② ゴルバチョフ　③ エリツィン

解答

問１：②　問２：①　問３：②　問４：①　問５：②　問６：①　問７：②

問８　1989年、ゴルバチョフとブッシュは（　　　　）を行い、冷戦の終結が宣言された。

①　ヤルタ会談　　②　マルタ会談　　③　ポツダム会談

問９　第二次世界大戦後、ユーゴスラヴィアは（　　　　）を大統領として独立を果たした。

①　ブラント　　②　ワレサ　　③　ティトー

問10　冷戦終結後、ポーランド憲法改正により民主化が実現し、（　　　　）が大統領に就任した。

①　ブラント　　②　ワレサ　　③　ティトー

解　答

問８：②　問９：③　問10：②

（　）問中（　）問正解

■ 次の問いを読み、問１～問５に答えよ。

問１　カード内の空欄Ａに当てはまる語句と、年表中の日本が国際連合に加盟した時期との組み合わせとして正しいものを、次の①～④のうちから一つ選べ。

〈高認 R. 2-2 世・改〉

カード１

1945 年２月に行われたヤルタ会談で、戦後の国際秩序が話し合われた。これに基づき、戦後、国連では、アメリカ合衆国・イギリス・ソ連・フランス・中華民国が［Ａ］を持つこととなった。

1945	国際連合憲章採択，国際連合発足
	あ ↕
1951	日米安全保障条約締結
	い ↕
1972	日中国交正常化

	空欄Ａ	日本が国際連合に加盟した時期
①	拒否権	あ
②	拒否権	い
③	不輸不入権	あ
④	不輸不入権	い

問２　アメリカ合衆国の第二次世界大戦後の出来事について述べた文として適切なものを、次の①～④のうちから一つ選べ。〈高認 H. 30-1 世・改〉

① ティトーが、第１回非同盟国首脳会議を開催した。
② ディオクレティアヌスが、四帝文治（テトラルキア）を始めた。
③ トルーマンが、共産主義に対する封じ込め政策を宣言した。
④ ジョン＝ヘイが、中国に対する門戸開放宣言を提唱した。

問３　ソ連に関して、第二次世界大戦終結後のソ連について述べた文として適切なものを、次の①～④のうちから一つ選べ。〈高認 R. 1-1 世・改〉

① 公民権法が成立した。
② スターリン批判が行われた。
③ 血の日曜日事件がおこった。
④ バラ戦争がおこった。

問４　ゴルバチョフが行った政策について述べた文として適切なものを、次の①～④のうちから一つ選べ。〈高認 R. 1-2 世・改〉

① 農奴解放令を発布した。
② ドゥーマと呼ばれる国会の開設を約束した。
③ 景気の回復を図るニューディールを開始した。
④ 政治や経済の立て直しを図るペレストロイカを推進した。

問５　アメリカ合衆国の歴代大統領に関する出来事について、次の（ア）～（ウ）を古いものから順に正しく並べたものを、下の①～④のうちから一つ選べ。

〈高認 H.29-2 世・改〉

（ア）ブッシュ大統領（父）が、マルタ宣言に調印した。
（イ）ウィルソン大統領が、十四か条の平和原則を発表した。
（ウ）ケネディ大統領政権下で、キューバ危機がおこった。

①（ア）→（イ）→（ウ）
②（ア）→（ウ）→（イ）
③（イ）→（ウ）→（ア）
④（ウ）→（ア）→（イ）

解答・解説

問1：②

ソ連が日本の国連加盟を阻止したのは常任理事国に拒否権があったからです。ソ連がサンフランシスコ講和条約に調印していなかったことが国連加盟を拒否した背景にあります。日本の国連加盟が許されたのは1956年の日ソ共同宣言によって日ソ間の戦争状態が終わってからです。したがって、正解は②となります。

問2：③

①について、第1回非同盟諸国首脳会議が開催されたのは1961年のことであり、第三世界の発展を目的とした会議なので、不適切です。1955年に開かれたアジア＝アフリカ会議も一緒に覚えておきましょう。②について、ディオクレティアヌスによって四帝分治（テトラルキア）が行われたのは293年のローマ帝国なので、不適切です。ディオクレティアヌスはドミナートゥス（専制君主制）を始めたことでも有名です。③について、アメリカのトルーマンが共産主義に対する封じ込め政策を宣言したのは、冷戦期の1950年代なので、適切です。この頃のアメリカが北大西洋条約機構（NATO）を設立したことも覚えておきましょう。④について、ジョン＝ヘイが門戸開放宣言を提唱したのは、第一次世界大戦以前の1899年のことなので、不適切です。したがって、正解は③となります。

問3：②

①について、公民権法が成立したのは1964年のアメリカなので、誤りです。これはキング牧師らによる公民権運動の末に成立したもので、人種差別を禁止する法律です。②について、スターリン批判が行われたのは1956年のソ連なので、正しいです。この批判はフルシチョフによって行われ、スターリン時代の粛清などの実態が明かされました。③について、血の日曜日事件が起こったのは1905年のロシアなので、誤りです。血の日曜日事件では、首都のサンクトペテルブルクでデモを行っていた労働者に軍隊が発砲を行いました。また、この事件がきっかけとなってロシア第一革命が起こりました。④について、バラ戦争が起こったのは15世紀後半のイギリスなので、誤りです。この戦争ではランカスター家とヨーク家が権力をめぐって争い、ランカスター家の血を引くテューダー家が王朝を開く形で終結しました。したがって、正解は②となります。

問4：④

①について、農奴解放令を発布したのはロシアのアレクサンドル2世なので、誤りです。農奴解放令は、クリミア戦争に敗北した後、急激な近代化が起こったことを背景に発令されました。②について、ドゥーマとよばれる国会の開設の約束をしたのはロシアのニコライ2世なので、誤りです。この約束はロシア第一革命のときになされました。③について、ニューディールを開始したのはアメリカ大統領のフランクリン＝ローズヴェルトなので、誤りです。ニューディールは世界恐慌から脱却するために開始され、テネシー川流域開発公社の設立などが行われました。④について、ペレストロイカを推進したのはゴルバチョフなので、正しいです。ペレストロイカと合わせて、ゴルバチョフはグラスノスチ（情報公開）を推進しました。したがって、正解は④となります。

問5：③

まず、（ア）について、ブッシュ大統領（父）がマルタ宣言に調印したのは1989年ことです。この宣言によって冷戦が終結しました。次に、（イ）について、ウィルソン大統領が十四か条の平和原則を発表したのは、第一次世界大戦終わりごろの1918年のことで、この宣言が元となって国際連盟が設立されました。最後に，（ウ）について、ケネディ大統領政権下でキューバ危機が起こったのは、1962年のことです。キューバ危機では、核戦争勃発の寸前まで緊張が高まりました。よって順番は（イ）→（ウ）→（ア）となります。したがって、正解は③となります。

2. 戦後の日本史

この単元では、戦後の日本の歴史を扱います。前半では政治史、後半では経済史を学習します。戦後すぐに行われたこと、高度経済成長期の出来事、高度経済成長後の1970年代以降の出来事に分けて用語を整理してみてください。

敗戦～占領下の日本

戦後の日本社会

終戦後の日本は社会資本が大きく破壊され、多くの戦災孤児を生みました。また、戦場や植民地から兵士や民間人の引揚げによる人口増も重なり、極度の物資不足となったことから、公定価格から逸(いっ)した価格で取引を行う闇市が生まれました。また、家を失った人はバラックと呼ばれる仮設住宅での生活を余儀(よぎ)なくされました。

GHQによる占領政策

第二次世界大戦に敗北した日本は、連合国軍総司令官総司令部（GHQ）の占領下に置かれました。最高司令官のマッカーサーは、日本政府に指示や勧告を行うかたちで統治を行い（間接統治)、戦後処理と日本の民主化を進めました。

関連用語

◉ 極東国際軍事裁判（東京裁判）…… 1946年に戦争犯罪人を裁いた裁判。日本を戦争に導いた者はA級戦犯、戦時国際法に違反した者はB級戦犯あるいはC級戦犯として裁かれ、A級戦犯25名が有罪判決を受けた

日本がふたたび侵略戦争をおこさないよう、日本の軍隊や特別高等警察は解体され、治安維持法も廃止されました。なお、この後におこる朝鮮戦争をきっかけに、現在の自衛隊の前身にあたる警察予備隊が創設されます(p. 189参照)。

日本の民主化

これまでの日本は、大日本帝国憲法のもとで国民の権利は制限され、天皇が強い権力をもっていましたが、戦後の日本はGHQの指導のもとで憲法の改正や五大改革指令などが行われ、民主化が進んでいきました。

《 日本国憲法の制定 》

◉ GHQが草案を作成し、それを基に日本政府が憲法改正草案要項を作成
◉ 1946年11月３日公布、翌年５月３日施行
◉ 日本国憲法の三原則 …… 天皇主権から国民主権へ・平和主義・基本的人権の尊重

《　五大改革指令　》

◉ 婦人参政権の付与（ふよ） …… 女性に選挙権が与えられ、年齢制限は25歳以上から20歳以上に引き下げられた

戦後初の総選挙で日本自由党が第一党となり、吉田茂内閣が成立。女性議員39名が当選

◉ 労働組合の結成奨励 …… 労働組合法（1945年）や労働基準法（1947年）の制定
◉ 教育の民主化 …… 教育基本法の制定により、教育の機会均等・男女共学・義務教育９年が定められた（1947年）
◉ 圧政的諸制度の撤廃
◉ 経済の民主化 …… 農地改革を行い、地主の土地所有を制限 ➡ 自作農の増加
財閥解体を行い、独占禁止法を公布 ➡ 自由競争の促進

関連用語

◉ 民法改正（1947年）…… 旧民法では戸主・男性の権限が強かったが、これを廃止し、家族や夫婦は平等とされた
◉ 刑法改正（1947年）…… 天皇や皇室に対する罪（不敬罪など）の廃止

戦後経済の立て直し

終戦後の日本は多くの工場や社会資本を失い、経済は著（いちじる）しく衰退しました。また、戦後不況とモノ不足により、ハイパーインフレ（激しい物価上昇）がおこりました。GHQは緊縮財政を行うことでインフレ抑制を図るとともに、1ドル＝360円の単一為替レートを設定し円安とすることで、日本の輸出拡大をめざしました。

朝鮮戦争と日本の独立

日本の敗戦により、朝鮮半島は日本の植民地支配から解放され、南はアメリカ、北はソ連に分割占領されました。これを背景に２つの国が成立しました。

- ◉ 大韓民国（韓国）…… 1948年に朝鮮半島南部に成立。初代大統領は李承晩（イスンマン）
- ◉ 朝鮮民主主義人民共和国（北朝鮮）…… 1948年に朝鮮半島北部に成立。初代総書記は金日成（キムイルソン）

1950年、北朝鮮が韓国に侵攻し、朝鮮戦争がはじまりました。1953年にソ連の提案により板門店（はんもんてん）で休戦協定が結ばれましたが、南北朝鮮の分断はこの戦争で決定的となりました。

朝鮮戦争による日本への影響

朝鮮戦争がはじまると、アメリカ軍は日本を基地として朝鮮半島へと向かいました。アメリカ軍による軍事物資の需要は日本に特需（とくじゅ）景気をもたらし、戦後経済は復興へと転換しました。この頃からアメリカは日本の自立に向けた政策を行うようになりました。

《 朝鮮戦争の影響と独立への歩み 》

- ◉ 警察予備隊（1950年）…… GHQは日本政府に警察予備隊を設置することを指令し、朝鮮戦争開始から約２か月後に発足。のちに保安隊と名を変え、1954年に自衛隊となる
- ◉ レッド＝パージ …… GHQは日本に対し、共産党員を公職から排除するよう指示
- ◉ サンフランシスコ平和条約（1951年）…… 第二次世界大戦の講和条約。これによって連合国軍の日本占領は終わり、独立国としての主権を回復した。ただし小笠原諸島は1968年、沖縄は1972年に返還された（日本全権：吉田茂（よしだしげる））
- ◉ 日米安全保障条約（1951年）…… サンフランシスコ平和条約と同日に調印。日本独立後も、引き続きアメリカ軍の日本駐留を認めた
- ◉ 日米行政協定（1952年）…… アメリカ軍基地の無償提供や基地内での治外法権などを定めた

参考 サンフランシスコ講和会議と平和条約

サンフランシスコ平和条約は、資本主義陣営を中心とした国々との単独講和だった。ソ連はアメリカが提案した条約案に反対し条約に調印せず、中国は中華人民共和国と中華民国（台湾）どちらを中国代表とするのか決着がつかず、会議に招かれなかった

日本独立後の政治と内閣

日本の政党は、戦時中に大政翼賛会(たいせいよくさん)発足により解散されましたが、戦後はさまざまな政党が復活し、1955 年以降は、**自由民主党と日本社会党**が政権を争い、自由民主党が長く政権を獲得する時代が続きました（**55 年体制**）。

ここからは独立後の日本でおこった主要な出来事とそれに関わる内閣を見ていきましょう。

鳩山一郎(はとやまいちろう)内閣（1954 ～ 55 年）

冷戦が「雪どけ」に向かったことにより（p. 178 参照）、1956 年にソ連と**日ソ共同宣言**を調印し、国交を回復させました。また、ソ連の支持を得て国連への加盟を果たします。しかし、戦後にロシアが占領した北方領土の領有権に関しては解決しませんでした。

岸信介(きしのぶすけ)内閣（1957 ～ 1960 年）

岸信介はアメリカとの不平等関係の解消をめざし、1960 年に日米相互協力および安全保障条約（**新安保条約**）を締結しました。しかし、新安保条約の締結をめぐって**安保闘争**がおこり、締結にあたっては国会での強行採決がなされました。

関連用語

- ◉ 新安保条約 …… 1951 年に結ばれた日米安全保障条約には、アメリカは日本の防衛義務がなかった。新安保条約には、日本に対するアメリカの防衛義務が定められた
- ◉ 安保闘争 …… 1959 ～ 60 年におこった、新安保条約締結をめぐる反対運動。西側諸国の代表格であるアメリカと日本の密接な結びつきは、日本がアメリカの軍事行為に巻き込まれる懸念(けねん)があり、反対運動につながった

池田勇人(いけだはやと)内閣（1960 ～ 64 年）

池田内閣は 1960 年に誕生した内閣で、この頃は高度経済成長期に入っていました（p. 192 参照）。池田首相は**国民所得倍増計画**を発表し、経済成長に注力しました。

佐藤栄作(さとうえいさく)内閣（1964 ～ 72 年）

佐藤内閣のときには、国交回復や領土回復に進展が見られました。1965 年に**日韓基本条約**が締結されたことで韓国と国交を結び、1968 年に小笠原諸島、1972 年に**沖縄返還**が実現しました。

田中角栄内閣（1972 ～ 74 年）

田中内閣のときに、中国との関係が改善しました。1972 年、田中首相は中国の北京を訪問し、**日中共同声明**を発表し、両国の国交正常化を実現しました。のちの福田赳夫内閣のときに、**日中平和友好条約**が結ばれています（1978 年）。

中曽根康弘内閣（1982 ～ 87 年）竹下登内閣（1987 ～ 89 年）

1982 年に成立した中曽根内閣は「戦後政治の総決算」をスローガンに行財政改革を推進しました。**電電公社を NTT、専売公社を JT、国鉄を JR** と、これまで国で行っていた企業の民営化を行いました。

次の竹下登内閣は、1989 年に 3% の**消費税**を導入しました。

細川護熙内閣（1993 ～ 94 年）

1986 年頃から地価や株価が高騰したことによって生じた**バブル経済**が 1991 年にはじけ、以後は低成長時代となりました。これに自民党政権による汚職事件が重なり、国民のなかで政治不信が高まったことにより、1993 年に**非自民党政権**である細川内閣が誕生しました。これにより、**55 年体制は崩壊**しました。

細川内閣は８派の連立政権でした。その後、1996年に成立した橋本龍太郎内閣からは、しばらく自民党政権が続きました。

小泉純一郎内閣（2001 ～ 06 年）

2001 年に内閣総理大臣となった小泉純一郎は、規制緩和や**郵便・特殊法人の民営化**を進めることにより、日本の経済の活性化をめざしました。

独立後の日本経済

戦後～高度経済成長

戦後の日本は高度経済成長期を経て 1980 年代に経済大国となりました。

《 戦後～高度経済成長期の日本経済 》

◉ 1955 ～ 73 年頃 …… 朝鮮戦争がきっかけでおこった特需景気をきっかけに、日本は平均年率 10%の経済成長を続ける高度経済成長を実現。1960 年の『経済白書』に「もはや戦後ではない」と書かれる

第四次中東戦争の影響により 1973 年に第一次石油危機がおこる

◉ OPEC（石油輸出国機構）が石油価格を約４倍に引き上げたことで、世界経済に大きな影響を与える。石油危機を受けて、日本は戦後初のマイナス成長を記録

◉ 1980 年代 …… 経済回復。アメリカへの輸出増加により貿易摩擦がおこる

バブル経済

1985 年、プラザ合意（p. 200 参照）により円高が進行すると、円高不況に対して政府が金利の引き下げなどの金融緩和を行いました。その結果、市場に多くの資金が供給されましたが、その金は投資に向かい、地価や株価が高騰するバブル経済がおこりました。

円高不況対策として、公定歩合の引き下げ（銀行でお金が借りやすくなる）

バブル崩壊と平成不況

公定歩合の引き上げと不動産融資の規制により、バブル経済は崩壊し、企業の倒産や銀行の貸し渋りなどが発生し、長い不況に入りました。この時期は失われた 10 年とも呼ばれます。

日本経済は徐々に回復傾向を見せましたが、2008 年にアメリカの投資銀行リーマン＝ブラザーズが経営破綻をおこしたことを発端に世界金融危機がおこり、日本にも大きな影響を与えました（リーマン＝ショック）。

参考 サブプライムローン問題

リーマン＝ブラザーズは住宅を担保としたサブプライムローンを提供していたが、それに多様な金融商品が組み合わさり、世界で投資が行われていた。リーマン＝ブラザーズが経営破綻をおこしたことで、世界の投資家や金融機関に影響を与えたことをリーマン＝ショックと呼ぶ

Step｜基礎問題

(　　) 問中 (　　) 問正解

■ 各問の空欄に当てはまる語句をそれぞれ①～③のうちから一つずつ選びなさい。

問 1　敗戦後、日本は連合国軍総司令官総司令部（GHQ）の占領下に置かれ、最高司令官の（　　　　）は間接統治により日本の民主化を進めた。

① チャーチル　② ドッジ　③ マッカーサー

問 2　1946 年、日本は QHQ の指導下で国民主権・平和主義・基本的人権の尊重を三原則とする（　　　　）を公布した。

① 大日本帝国憲法　② 日本国憲法　③ ヴァイマル憲法

問 3　GHQ が指導した五大改革指令では、これまで日本で抑圧されていた（　　　　）の奨励が行われた。

① 労働組合の結成　② 特別高等警察の結成　③ 大土地所有

問 4　五大改革指令では、経済の民主化をめざし（　　　　）が行われた。

① 財閥解体　② 音楽学校の創設　③ 婦人参政権の付与

問 5　1950 年にはじまった（　　　　）にともなって、日本に警察予備隊が創設された。

① カンボジア内戦　② 朝鮮戦争　③ ベトナム戦争

問 6　サンフランシスコ平和条約締結と同じ 1951 年にアメリカとの間で（　　　　）が調印され、アメリカ軍による日本駐留が認められた。

① 日米安全保障条約
② 日米通商航海条約
③ 日米修好通商条約

問 7　日本は 1956 年にソ連と（　　　　）を結んだことで、ソ連との国交を回復させた。

① 日ソ中立条約　② 日ソ中立条約　③ 日ソ共同宣言

解　答

問1：③　問2：②　問3：①　問4：①　問5：②　問6：①　問7：③

問8　1960年に（　　　　）が結ばれたことで、日本国内で大規模な安保闘争がおこった。

① 日米修好通商条約　② 日米通商航海条約　③ 新安保条約

問9　1960年に発足した池田勇人内閣の頃に（　　　　）となり、「国民所得倍増計画」が発表された。

① 高度経済成長期　② バブル景気　③ 大戦景気

問10　1972年、田中首相の訪中により（　　　　）が結ばれ、日中間の国交正常化が実現した。

① 日華平和条約　② 日韓基本条約　③ 日中共同声明

解　答

問8：③　問9：①　問10：③

(　　) 問中 (　　) 問正解

■ 次の問いを読み、問１〜問５に答えよ。

問 1　日本の敗戦から朝鮮戦争までの時期におけるできごとについて述べた文として**適切でないもの**を、次の①〜④ のうちから一つ選べ。〈高認 R. 2-1 日・改〉

① 日米相互協力および安全保障条約（日米新安全保障条約）が結ばれた。
② 金融緊急措置令が出された。
③ 極東国際軍事裁判（東京裁判）が始まった。
④ 財閥解体が行われた。

問 2　1953 年に朝鮮戦争の休戦協定が結ばれるまでのできごとについて述べた文として**適切でないもの**を、次の①〜④のうちから一つ選べ。〈高認 R. 1-2 日・改〉

① GHQ の指令に基づき警察予備隊が設立された。
② サンフランシスコ平和条約が結ばれ日本の主権が回復した。
③ 反植民地主義や平和共存をめざすアジア＝アフリカ会議に日本も参加した。
④ 共産圏に対抗する集団安全保障機構として北大西洋条約機構（NATO）が結成された。

問 3　自由民主党が結成された後の日本政府の政策について述べた文として**適切でないもの**を、次の①〜④のうちから一つ選べ。〈高認 R. 2-1 日・改〉

① 国際平和維持活動（PKO）協力法が制定された。
② 電電公社（現 NTT）・専売公社（現 JT）・国鉄（現 JR）の民営化が実現した。
③ 冷戦終結後の日米安保体制について共同宣言を発表した。
④ 傾斜生産方式により鉄鋼、石炭に資金、資材が重点的に投入された。

問４　国民所得倍増計画について、この計画が出される以前におこった社会問題と、国際経済と日本の関わりについて説明した文の組合せとして適切なものを、下の①～④のうちから一つ選べ。〈高認 R. 1-1 日・改〉

社会問題

ア　交通網の整備による地域振興案が、石油危機と相まって狂乱物価を引き起こした。

イ　日米安全保障条約の改正に対して、大規模な国民のデモがおこった。

国際経済と日本の関わり

ウ　占領下からの独立を果たし、国際通貨基金（IMF）に加盟した。

エ　急速な経済成長を背景に、経済協力開発機構（OECD）に加盟した。

①　アーウ　　②　アーエ　　③　イーウ　　④　イーエ

問５　高度経済成長期の時期を写した写真として適切なものを、次の①～④のうちから一つ選べ。〈高認 H. 29-2 日・改〉

①

②

③

④

解答・解説

問1：①

適切ではない選択肢を選ぶ問題であることに注意しましょう。①の新安保条約は1960年に締結されました。日本とアメリカの軍事的同盟強化に反発する国民によって安保闘争が起きましたが岸信介は締結を強行して総辞職しました。②の金融緊急措置令は戦後のインフレに対処するために1946年に施行されました。③の極東国際軍事裁判は第二次世界大戦に中心的に関わった人物を裁くために1946年に開かれました。起訴された元首相に広田弘毅・平沼騏一郎・東条英機・小磯国昭がいます。④の財閥解体は日本の軍国主義撲滅を目指してGHQがすすめたもので、1945年から1951年の間に行われました。したがって、正解は①となります。

問2：③

適切ではない選択肢を選ぶ問題であることに注意しましょう。①の警察予備隊は日本にいたアメリカ軍人が朝鮮戦争に出兵するにあたって日本国内の治安維持のために置かれました。1952年に保安隊（現在の自衛隊）に改組されています。②のサンフランシスコ平和条約は1951年に結ばれた、第二次世界大戦における日本と連合国の講和条約です。③のアジア＝アフリカ会議は1955年に冷戦における資本主義勢力・社会主義勢力のどちらにも属さない、第三勢力によって結成されました。④のNATOは1949年に締結された北大西洋条約によって誕生しました。したがって、正解は③となります。

問3：④

適切ではない選択肢を選ぶ問題であることに注意しましょう。自由民主党が結党されたのは1955年です。①のPKO協力法は湾岸戦争時に自衛隊を国連軍として派遣できなかったことが国際社会から問われたことをきっかけに1992年に制定されました。②の電電公社・専売公社が民営化したのは1985年、国鉄が民営化したのは1987年です。③の日米安保共同宣言は1996年に発表されました。④の傾斜生産方式は第二次世界大戦後の経済復興のためのもので、1946年からはじまりました。したがって、正解は④となります。

問4：③

所得倍増計画は 1960 ～ 1964 年の池田勇人内閣で提唱されました。アの第一次石油危機は 1973 年、イの日米安全保障条約は 1951 年に結ばれたので、所得倍増計画が出される以前に起こった社会問題として適切なものはイです。国際社会の日本の関りにいてはウの IMF 加盟は 1952 年、エの OECD 加盟は 1964 年です。したがって、正解は③となります。

問5：④

①は「JR グループ誕生」という言葉から 1987 年に中曽根康弘内閣で行われた国鉄民営化、②は「日本国憲法公布」という言葉から 1947 年の様子です。③は人々がナチスドイツの旗をかかげていることから戦時中の様子となります。④は 1970 年大阪万博の時に作られた太陽の塔です。したがって、正解は④となります。

3. 戦後の欧米史

この単元では、戦後のアメリカとイギリスを中心としたヨーロッパの政治についてまとめています。大統領・首相の名前やその当時の出来事を覚えておきましょう。出来事によってはほかの単元でもふれているものがありますので、世界全体の流れとしても把握しましょう。

戦後のアメリカ

アメリカは第二次世界大戦での被害が比較的少なかった国です。世界で最も金を保有していたアメリカは、ドルを基軸通貨とする固定相場制（ブレトン＝ウッズ体制）を構築しました。一方で、冷戦でのにらみ合い（p. 176 参照）と軍事支出の増加による国内経済の悪化が課題となり、国際経済に大きな影響を与えました。ここでは、戦後のアメリカでの出来事を時系列に見ていきましょう。

戦後～冷戦下

戦後、ソ連が東欧諸国を従属国としていくなか、イギリスの**チャーチル**首相はその状況に対して「鉄のカーテンがおろされた」と演説を行いました。アメリカの**トルーマン**大統領は、欧米諸国の共産化を防ぐために、全ヨーロッパに対して経済援助計画を打ち出しました（**マーシャル＝プラン**）。**ケネディ**大統領のとき、**キューバ危機**（p. 178 参照）がおこりますが危機を回避し、アメリカとソ連間にホットラインが設けられました。アメリカ国内においては、ケネディ大統領のときに**キング牧師**による黒人の市民権獲得運動（**公民権運動**）がおこったことで公民権法制定を約束しましたが、その直後にケネディ大統領は暗殺されました。次の**ジョンソン**大統領のときには、ベトナムに本格的に介入し、北ベトナムへの**北爆**を開始しました。しかし、戦争が泥沼化したことでアメリカは軍事費が増大し、財政赤字に苦しむようになりました。

アメリカがベトナム戦争に介入したことによってドルが大量に流出していたことから、ブレトン＝ウッズ体制の維持は困難となりました。そこで、1971 年に**ニクソン**大統領は金とドルの交換を停止し（**ニクソン＝ショック**）、世界経済は固定相場制から変動相場制へと移りました。また、ベトナムからの撤退を考えたニクソンは、1972 年にベトナムを支援していた中国に訪問し、アメリカとベトナム間で 1973 年に**パリ和平協定**が結ばれました。これによってアメリカ軍はベトナムから撤退し、1976 年に南ベトナムは北ベトナムに併合され、ベトナム社会主義共和国が成立しました。

参考　戦後の世界経済の歩み

戦後　　　　：ブレトン＝ウッズ体制（固定為替相場制）
1960年代　　：アメリカがベトナム戦争に介入➡アメリカの国際収支が赤字になる
1971年　　　：ニクソン＝ショック……ニクソン大統領がドルと金の交換を禁止
　　　　　　　➡ブレトン＝ウッズ体制の崩壊
1976年　　　：キングストン合意➡変動為替相場制へ移行
1980年代前半：ドル高が続く
　　　　　　　※アメリカは双子の赤字状態➡貿易赤字（経常赤字）と財政赤字
1985年　　　：プラザ合意➡主要国が協力し、ドル高を是正。ドル安になるよう操作を行う

「強いアメリカ」を掲げたレーガン大統領は、ソ連の核ミサイルを宇宙空間で撃ち落とす計画を打ち出し、ソ連に圧力を与えました。一方で、アメリカは経済面では財政赤字と貿易赤字を抱えていたため、新自由主義経済政策を進め小さな政府をめざしました。

ソ連でゴルバチョフが書記長に就任すると、米ソ関係は緊張緩和に向かいました。ゴルバチョフはレーガンと会見し、両国間で**中距離核戦力全廃条約**が調印されました。

後のブッシュ（父）大統領とゴルバチョフとの間では**マルタ会談**が行われ、冷戦が終結しました。

冷戦後

ブッシュ（父）大統領のとき、中東では**イラン＝イラク戦争**が停戦を迎えていました（p.222参照）。長期化した戦争に疲弊（ひへい）したイラクはクウェートの石油資源を目的に軍事侵攻を行い、これに対して多国籍軍が空爆を行ったことで、1991年に湾岸戦争が発生しました。

冷戦終結後、国内の政治を重視したクリントン大統領はインターネットを民間に解放し、IT産業の育成を行いました。その後、アメリカ国内経済は復活していきました。

今は当たり前のように使用されているインターネットは、もともとは軍事用に開発されたものだったのですよ！

2001年9月11日、旅客機計4機がハイジャックされ、うち2機が世界貿易センタービルに衝突し、多くの被害者を出しました（**9.11同時多発テロ**）。アメリカは**対テロ戦**を宣言し、主犯者をイスラム原理主義組織アル＝カイーダのウサマ＝ビン＝ラディンであると断定しました。2001年に、アフガニスタンのタリバーン政権がビン＝ラディンらを匿（かくま）っているとして、アメリカとイギリスはアフガニスタンを攻撃し、2003年の**イラク戦争**では、イラクのサダム＝フセイン政権を倒しました。

イラク撤兵を掲げたオバマ大統領が当選し、米軍が撤収した後の中東では、イスラム原理主義者によるテロや紛争により不安定な情勢となりました。

イギリス

イギリスでは1945年に労働党のアトリーが政権を獲得し、社会保障の充実した福祉国家をつくり、戦後のイギリス再建を進めました。

《 アトリー政権 》

- ◉ 重要産業国有化 …… イングランド銀行、石炭、通信、航空、電気、ガス、鉄鋼
- ◉ 社会保障制度の充実 …… 医療費の無償化、雇用保険、公営住宅の建設など
- ◉「ゆりかごから墓場まで」の最低限の生活の保証

1973年の第一次石油危機をきっかけに、欧米諸国は財政再建に迫られました。社会保障の充実した福祉国家の維持は財政を圧迫し、1970年後半からは各国で自己責任を強調する**新自由主義**という理念が広がりました（英**サッチャー**、米**レーガン**政権など）。これにより、欧米各国は公企業を民営化して国や自治体によるサービスを縮小し、市場経済を信頼して国家は経済への介入を最低限にする「小さな政府」をめざすようになりました。

ヨーロッパの地域統合

ヨーロッパは2つの世界大戦により、多大な被害を被りました。冷戦下のヨーロッパの地域経済協力機構として結成されたヨーロッパ経済共同体（EEC）は、1967年にヨーロッパ共同体（EC）となり、1993年には現在に続く**ヨーロッパ連合（EU）**となりました。EU内では**ユーロ**という共通通貨が使われるようになりました。冷戦後は東欧諸国の加盟も増え、ヨーロッパは政治的・経済的統合を進めていきました。

（　）問中（　）問正解

■ 各問の空欄に当てはまる語句をそれぞれ①～③のうちから一つずつ選びなさい。

問１　アメリカではケネディ大統領のときにキング牧師による（　　　　）がおこり、黒人の市民権獲得運動が広がりを見せた。
① ラダイト運動　② 公民権運動　③ 大同団結運動

問２　1960年代に、アメリカはベトナム戦争に本格的に介入し、ジョンソン大統領のときに北ベトナムへの（　　　　）が行われた。
① 北伐　② 北爆　③ 海上封鎖

問３　アメリカがベトナム戦争に介入したことで財政難となったことから、1971年の（　　　　）でドルと金の交換が停止された。
① ニクソン＝ショック　② オイルショック　③ リーマン・ショック

問４　イラクがクウェートの石油資源を狙って侵攻したことにより、1991年に多国籍軍との間で（　　　　）がおこった。
① イラン・イラク戦争　② イラク戦争　③ 湾岸戦争

問５　2001年９月11日、旅客機計４機がハイジャックされ、うち２機が世界貿易センタービルに衝突した出来事を（　　　　）という。
① 9.11同時多発テロ
② CIA本部銃撃事件
③ ウォール街爆破テロ事件

問６　アメリカ・イギリス連合軍は、2003年に（　　　　）でイラクのサダム＝フセイン政権を倒した。
① イラン・イラク戦争　② イラク戦争　③ 湾岸戦争

問１：②　問２：②　問３：①　問４：③　問５：①　問６：②

問７　（　　　　）のときにアメリカはイラクから撤兵したが、その後の中東情勢は不安定となった。

①　オバマ大統領　②　カーター大統領　③　レーガン大統領

問８　戦後のイギリスでは（　　　　）が政権を握り、社会保障の充実した福祉国家の構築とイギリス再建を進めた。

①　サッチャー　②　アトリー　③　チャーチル

問９　1973 年の第一次石油危機をきっかけに欧米各国には新自由主義が広がり、イギリスでは（　　　　）が小さな政府をめざした。

①　サッチャー　②　アトリー　③　チャーチル

問 10　冷戦後、ヨーロッパ諸国は地域統合を進め、1993 年に（　　　　）が発足した。

①　AU　②　ASEAN　③　EU

問７：①　問８：②　問９：①　問10：③

Jump｜レベルアップ問題

（　）問中（　）問正解

■次の問いを読み、問1～問5に答えよ。

問1　[A]に当てはまる語句と、次の図1・図2から読み取れるサッチャー首相在任期間のイギリスの経済状況の説明との組合せとして正しいものを、次のページの①～④のうちから一つ選べ。〈高認 R. 1-1 世・改〉

「鉄の女」の異名をとるマーガレット＝サッチャーは、1979年5月に、イギリスで初の女性首相となった。それまでのイギリスは、労働組合の力が強く社会保障が充実していた反面、歳出は増大し貿易収支は悪化するなど、「英国病」とよばれる経済の停滞が問題化していた。そこで、サッチャーは、労働組合と対決してその活動を制限し、社会保障の削減を断行した。一方、国有企業の民営化、経済の様々な規制の緩和を推進した。このような「[A]政府」をめざす政策は、「新自由主義」とよばれ、アメリカ合衆国のレーガン大統領、日本の中曽根康弘首相など1980年代の各国の保守政党の指導者にも影響を与えた。サッチャーは、1982年のフォークランド戦争の勝利もあって、高い支持を得ていたが、ヨーロッパ統合に慎重な姿勢や人頭税の導入などが反発をよび、1990年11月、在任期間11年間におよんだ首相を辞任した。

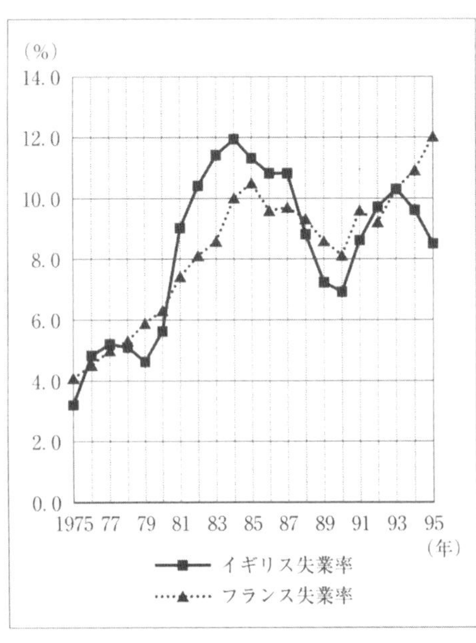

図1　イギリスとフランスの失業率の推移

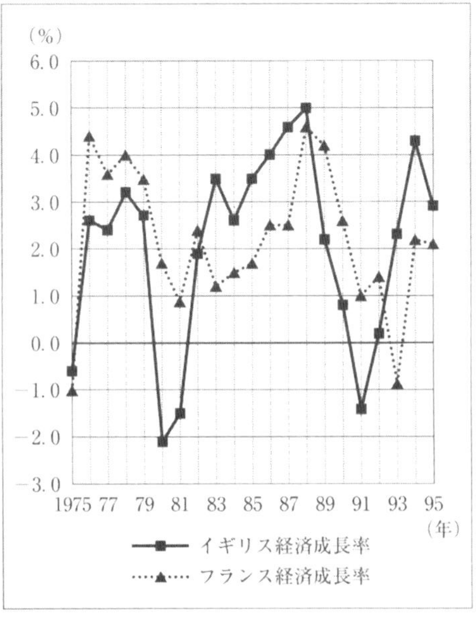

図2　イギリスとフランスの経済成長率の推移

A	説明
① 大きな	在任期間の中頃は、失業率が10％を超えていた。
② 大きな	在任期間で、経済成長率がフランスを上回ることはなかった。
③ 小さな	在任期間の中頃は、失業率が10％を超えていた。
④ 小さな	在任期間で、経済成長率がフランスを上回ることはなかった。

問2　アメリカ合衆国の1970年代のようすについて述べた文として適切なものを、次の①～④のうちからひとつ選べ。〈高認H. 29-1世・改〉

① ニクソンが、金とドルの交換停止を宣言した。
② フルシチョフが、スターリン批判を行った。
③ ブラントが、東方外交を進めた。
④ ガンディーが、非暴力・不服従運動を進めた。

問3　レーガン大統領について述べた文として適切なものを、次の①～④のうちからひとつ選べ。〈高認R 1-1世・改〉

① スペインの無敵艦隊を撃破した。
② スエズ運河会社株を買収した。
③ マーシャル＝プランを打ち出した。
④ ソ連との間で、中距離核戦力（IMF）全廃に合意した。

問4　以下の資料が報じている出来事を、次の①～④のうちからひとつ選べ。

〈高認H. 30-1世・改〉

> …ニューヨークでは同日午前9時頃、マンハッタン南端による超高層ビルの世界貿易センタービルの南北両棟（それぞれ高さ430メートル、110階建て）の上層階にアメリカン航空機2機が相次いで突っ込んだ。…ワシントンでは、国防総省に航空機が突っ込んで同省ビルが炎上した。アメリカン航空のワシントン発ロサンゼルス行きのボーイング757機とみられる。乗員、乗客64人乗りとの情報もある。…

① 9・11同時多発テロ　② テルミドールのクーデタ
③ マフディーの反乱　④ アナーニ事件

問５　世界経済に関する次のア～ウの出来事を、古いものから順に正しく並べたものを、下の①～④のうちから一つ選べ。〈高認 H. 30-1 世・改〉

（ア）国際通貨の安定をはかるために、国際通貨基金（IMF）が成立した。
（イ）世界恐慌に対処するために、ブロック経済がとられた。
（ウ）貿易やサービス取引の自由化を進めるために、世界貿易機関（WTO）が発足した。

①　ア→ウ→イ　　②　イ→ア→ウ　　③　ウ→ア→イ　　④ウ→イ→ア

解答・解説

問1：③

小さな政府とは、可能な限り民営化を行って政府の役割を小さくし、社会保障も削減するなど経済への介入も最小限にとどめる政府のことを言います。反対に、大きな政府とは政府の経済への介入を強め、社会保障制度の拡充によって、社会の平等を目指す政府のことを言います。文章中には、5行目より「社会保障の削減を断行し、…規制の緩和を推進した。」とあることから、空欄Aには「小さな」が入ります。次に、サッチャー首相の在任期間は、文章より1979年から1990年までの12年間であることがわかります。そこで、図1に注目すると、1982年から1987年までイギリスの失業率が10%を超えていたことがわかります。また、図2に注目すると、1983年から1988年までイギリスの経済成長率がフランスの経済成長率を上回っていたことがわかります。よって、説明として正しいのは、「在任期間の中頃は、失業率が10%を超えていた。」となります。したがって、正解は③となります。

問2：①

①について、ニクソンが金とドルの交換を停止したのは1971年のことで、インフレや不況に対する政策として行われました。②について、フルシチョフがスターリン批判を行ったのは1956年のことです。また、フルシチョフは、西側諸国との共存を図ろうとしました。③について、ブラントが東方外交を進めたのは1969年から1970年代にかけてですが、これは西ドイツの出来事です。また、東方外交とは東側諸国との関係の正常化を目指した政策です。④について、ガンディーが非暴力・非服従運動を進めたのは20世紀前半です。また、この運動の中でも「塩の行進」は有名で、イギリスの支配に抵抗する目的で行われました。したがって、正解は①となります。

問3：④

①について、イギリスがスペインの無敵艦隊を撃破したのは16世紀のアルマダの海戦で、エリザベス女王の頃の出来事なので、誤りです。②について、スエズ運河会社株を買収したのは19世紀のイギリスの首相ディズレーリによる政策なので、誤りです。スエズ運河会社株を買収されたエジプトは財政破綻に陥り、フランスやイギリスの更なる介入を許すこととなりました。③について、マーシャル＝プランを打ち出したのは当時のアメリカ国務長官のマーシャルなので、誤りです。このマーシャル＝プランは第二次世界大戦で大きな被害を受けたヨーロッパ諸国の復興を計画したものです。④について、ソ連との間で中距離核戦力（INF）全廃に合意したのは、アメリカのレーガン大統領なので、正しいです。この条約は中距離の弾道ミサイルや巡航ミサイルを廃棄することを取り決めていました。したがって、正解は④となります。

問４：①

①について、9・11 同時多発テロは資料２にあるように、ハイジャックされた飛行機がワールドトレードセンターのビルに衝突した事件のことなので、適切です。②について、テルミドールのクーデターは、フランス革命期の 1794 年に起こった事件なので、不適切です。この事件によって、ジャコバン派のロベスピエールが暗殺されました。③について、マフディーの反乱は、19 世紀末にアフリカ北部で起こった事件なので、不適切です。この反乱によって、スーダンはイギリスとエジプトによって支配されるようになりました。④について、アナーニ事件は、1303 年にフランス国王のフィリップ４世がローマ教皇のボニファティウス８世を捕えた事件なので、不適切です。したがって、正解は①となります。

問５：②

（ア）について、国際通貨基金（IMF）が設立されたのは、国際連合の設立と同じ、1945 年です。国際通貨基金（IMF）の主な業務は、文中にある通り、通貨の安定化、つまり、為替を含む国際金融の安定化です。次に、（イ）について、ブロック経済がとられたのは、文中にある通り、世界恐慌の時期にあたる 1930 年代のイギリスやフランスです。ブロック経済とは、高い関税などを設けて、自国外に需要が出ていかないようにする仕組みのことです。最後に、（ウ）について、世界貿易機関（WTO）が設立されたのは 1995 年です。世界貿易機関（WTO）以前に、GATT と呼ばれる貿易に関する協定があったこともおさらいしておきましょう。古いものから順に並べると、（イ）→（ア）→（ウ）となります。したがって、正解は②となります。

4. 戦後のアジア史

この単元では、戦後のアジアの歴史について学習していきます。アジアの多くの国は戦時中は列強諸国の植民地でしたが、戦後に独立を果たしていきます。とくに中国の政権の動きとベトナムの独立をめぐる戦争の動きについてはしっかりと理解していきましょう。

非同盟諸国（第三世界）の台頭

1950年代以降、アジア・アフリカ諸国は徐々に列強からの植民地支配を脱し、独立していきました。戦後の世界は冷戦下で資本主義陣営と社会主義陣営が対立していましたが、アジア・アフリカ諸国を中心に東西両陣営のどちらにも属さない中立的な立場をとる非同盟主義が唱えられました。これらの国々は第三世界（勢力）と呼ばれます。

《 非同盟諸国の動き 》

1954年：周恩来（中国）・ネルー（インド）両首相が平和五原則を発表
1955年：第1回アジア＝アフリカ会議（バンドン）
➡ アジア・アフリカの29か国が参加。平和十原則を採択
1960年：「アフリカの年」（1960年に多くの国が独立）
1961年：第1回非同盟諸国首脳会議
➡ ネルー首相（インド）・ティトー大統領（ユーゴスラヴィア）・スカルノ大統領（インドネシア）が中心となって展開

関連用語

◉ 平和五原則 …… 周恩来とネルーの会談で発表された、国際平和を実現するための原則。領土の保全・主権の相互不干渉、相互不侵略、内政不干渉、平等互恵、平和的共存が唱えられた

◉ 平和十原則 …… 反植民地主義と平和共存を基本としてアジア＝アフリカ会議で採択された宣言

中国

２つの中国政権

中国国内では、第二次世界大戦後も引き続き国民党と共産党との内戦が続いていました（p. 156 参照）。毛沢東が率いる共産党が勝利を収めると、中国本土に**中華人民共和国**が建国され、敗れた国民党は台湾に逃れました。

【国民党】 蒋介石
新憲法を発布するも、政治腐敗と経済の悪化で民衆の支持を失う

共産党に敗れた蒋介石は台湾に逃れ、中華民国政府を維持し続ける

VS

【共産党】 毛沢東
新民主主義を唱えて農村での支持を集める

1949 年：毛沢東主席、周恩来首相による中華人民共和国が建国される
➡ソ連が承認

コラム　中国の２つの政府のあゆみ

ソ連は中華人民共和国を承認し、1950 年に中ソ友好同盟相互援助条約を結びました。当初、国連に加盟していたのは中華民国であり、日本も 1952 年に日華平和条約を結んでいました。しかし、1970 年代の米中関係の変化により、中国の国連代表権は 1971 年に中華民国政府から中華人民共和国に変更されます。その後、日本は 1972 年の日中共同声明で中華人民共和国と国交を正常化しています。

中国における諸改革

1958 年、毛沢東は**大躍進**政策を指示し、工業の発展と農業の集団化をめざしました。また、**５ヵ年計画**を発表し、農村に**人民公社**を設立し民衆の力で発展をめざしましたが、この政策によって中国は経済的混乱を引き起こし、国内での路線対立が激しくなりました。

毛沢東に代わって**劉少奇**（りゅうしょうき）が国家主席となると、**鄧小平**（とうしょうへい）とともに毛沢東の路線を見直し、経済の立て直しを図りました。しかし、毛沢東は資本主義の復活として批判し、**文化大革命**となりました。これによって劉少奇らは失脚し、毛沢東の指導力が強化されましたが、中国国内の混乱は続き、経済・文化の発展は遅れてしまいました。

関連用語

◉ 人民公社……「大躍進」政策のなかで 1958 年に農村で編成された組織。郷（村）単位で農機具を強制的に共有し、行政活動も一体化した。1982 年に廃止された

アジアの発展途上国では1960年代から経済開発を目的とした圧政を行う軍事独裁政権による政治体制が続いていました。これを開発独裁といいます。外国資本と安価な労働力で生産した工業製品を輸出し近代化を進めていきました。中国のほかに、フィリピンやインドネシア、韓国などが行っています。

周恩来と毛沢東の死去を受け、1976 年に**華国鋒**が首相と党主席を兼任しました。華国鋒は国防・工業・農業・科学技術の「**四つの現代化**」を推進するようになり、翌年復活した**鄧小平**のもとで具体化されました。とくに重視されたのが経済開放路線です。

《 四つの現代化における経済開放 》

- ◉ 人民公社の解体
- ◉ 農業生産責任制が発展 …… 政府から請け負った数量以上の生産物は農家が自由に販売できるようにした
- ◉ 非国営の郷鎮企業（人民公社の解体後に急増した農村企業）が誕生
- ◉ 海外企業の誘致

  ➡ 社会主義体制を維持しつつ資本主義要素が強まる

冷戦後の中国

中国は冷戦終結後も共産党体制を強化していきました。1980 年代に**鄧小平**が**改革開放政策**を進めましたが、政治腐敗によって民衆の不満が高まりました。1989 年には民主化を求める**天安門事件**が発生しましたが、軍によって鎮圧されました。

1997 年に鄧小平が死去し、指導権は**江沢民**に引き継がれます。1990 年代後半に香港とマカオが中国に返還され、一国二制度という方式で、自治性を保ったまま国家に組み込むことになりました。

2002 年に就任した**胡錦涛**総書記、2013 年に就任した**習近平**は経済力を背景に国際的な発言力を強める一方、中国は環境問題やチベット・新疆などの少数民族の問題を抱えています。

朝鮮半島

韓国

朝鮮戦争後（p. 189 参照）、李承晩の後に大統領となった**朴正熙**（パクチョンヒ）は 1965 年に**日韓基本条約**を結び、日本との国交を回復しました。併せて、日本からの資本支援を活かし、韓国の経済の近代化を図り、急激な経済復興は漢江（ハンガン）の奇跡と呼ばれました。

1991 年、盧泰愚（ノテウ）大統領のときに南北朝鮮の同時国連加盟を実現し、1998 年に大統領となった**金大中**（キムデジュン）は北朝鮮に対して温かく見守る太陽政策を行い、ノーベル平和賞を受賞しました。

北朝鮮

北朝鮮は**金日成**（キムイルソン）（p. 189 参照）の指導のもとで、ソ連や中国からの自立をめざす主体（チュチェ）思想のもと経済発展をめざしました。金日成の死後は**金正日**（キムジョンイル）、**金正恩**（キムジョンウン）と権力が世襲され、金一族の独裁が続いています。

東南アジア

ベトナム

ベトナムではホー＝チ＝ミンにより、1945 年に**ベトナム民主共和国**の建国が宣言されました。これに対し、かねてよりベトナムを支配していたフランスが軍事介入すると、1946 年に南北ベトナムの間で**インドシナ戦争**がおこりました。1954 年に結ばれた**ジュネーヴ休戦協定**により、北緯 17 度線を境にベトナム民主共和国（北ベトナム）とベトナム共和国（南ベトナム）が併存することになりました。ベトナム共和国の独裁政治に反発し、北ベトナムの支援を受けて政権を倒すことをめざす南ベトナムでは解放戦線が結成されました。次の選挙で勝利したほうがベトナムを統一することが決まりましたが、これに危機感をもったアメリカが介入したことで、**ベトナム戦争**が発生しました。

国民から支持を集めていたホー＝チ＝ミンが当選すると、ベトナムに共産主義国家が樹立される恐れがありました。当時は冷戦真っただ中です。アメリカは東南アジアの社会主義化を食い止めたかったのです。

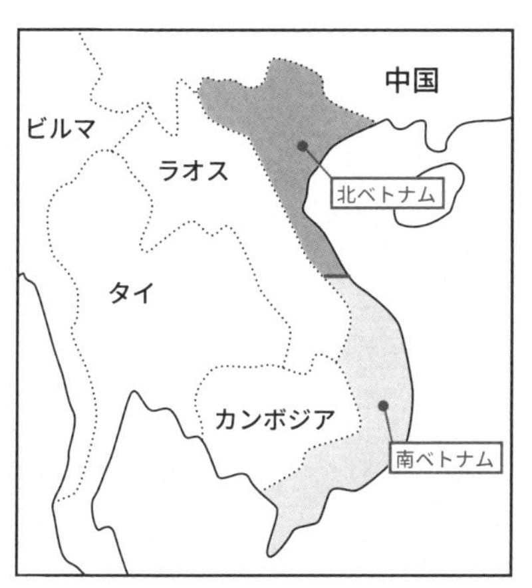

《ベトナム戦争の流れ》

1954 年　：ベトナムが南北に分裂
1960 年頃：アメリカ……南ベトナムを支持
　　　　　ソ　連……北ベトナムを支持
　　　　　➡ベトナム戦争のはじまり

世界中で反対運動。
アメリカのニクソン大統領は段階的に撤兵

1973 年　：ベトナム（パリ）和平協定
　　　　　➡アメリカ軍は撤退
1976 年　：北ベトナムによりベトナム統一
　　　　　➡ベトナム社会主義共和国連邦建国

その後のベトナムでは、1986 年からソ連のペレストロイカにならってドイモイ（刷新）政策と呼ばれる改革がはじまり、市場経済が導入され、経済を活性化させました。

カンボジア

カンボジアでは独立後、中国の支援を受けたポル＝ポト政権が極端な社会主義政策を行い、反対派の強制移住や大虐殺を行いました。これに対してベトナムが介入したことで、中越戦争がおこりました。中国から送られた 10 万人の兵はベトナムが撃退したものの、ベトナムは協力国であるソ連の支援を得られず、1989 年に完全撤退しました。

参考　カンボジア内戦の流れ

1953 年：カンボジア王国として独立
1970 年：親米政権であるカンボジア共和国が成立
1975 年：親米政権が倒れ、親中派のポル＝ポトが政権を握る
　　　　※ポル＝ポト政権打倒のため、ベトナムに支援をあおぐ
1979 年：ベトナム戦争でアメリカを撃退したベトナムが、カンボジアに侵入。ポル＝ポト政権を倒す ➡ 親中派のポル＝ポト政権が倒されたことで中国が派兵（中越戦争）

ベトナム戦争、ベトナムのカンボジア侵攻、中越戦争の影響で発生した難民をボートピープルと呼びます。中越戦争は中国国民にも大きな負担となり、華国鋒への批判が強まったことによって鄧小平政権となりました。

インドネシア

17 世紀からオランダの植民地になり、第二次世界対戦中は日本の侵攻を受けたインドネシアでは 1945 年に独立宣言が発表され、**スカルノ**が大統領になりました。しかし、オランダがふたたび植民地支配をしようとしたため、独立戦争となりました。途中、国連が介入し交渉が行われましたが、その際に成立した協定ではオランダ連邦国家の一部としての独立であったため、戦争は続きました。1949 年にハーグ協定が結ばれ、全土がインドネシア共和国として統一されました。

関連用語

◉ 東南アジア諸国連合（ASEAN）…… 東南アジアの共産化を防ぐために、1967 年に設立された軍事同盟。1970 年代後半からは経済協力機構として機能し、現在は東南アジア地域の 10 か国が加盟している

インド

第二次世界大戦後のインドでは、独立の方法をめぐってイスラーム教徒とヒンドゥー教徒の対立が発生していました。**ガンディー**は統一インドとしての独立を主張する一方で、**ジンナー**はイスラーム教徒を主体にパキスタンの分離独立を主張し、1947 年にパキスタンとインド連邦（1950 年にインド共和国に。初代大統領**ネルー**）に分かれて独立しましたが、ガンディーが暗殺されるなど宗教対立はその後も続きました。

また、支配層がヒンドゥー教、住民がイスラーム教であったカシミール地方をどちらの帰属とするかで問題がおきました。国連の停戦勧告を両国が受諾したことで戦争は停止しましたが、その後に中国がカシミール地方の一部を実効支配したため、中国・インド・パキスタンの 3 か国の分割統治状態となっており、現在も問題は解決していません。

Step ｜基礎問題

(　　)問中(　　)問正解

■ 各問の空欄に当てはまる語句をそれぞれ①～③のうちから一つずつ選びなさい。

問 1　中国の周恩来とインドのネルーは冷戦時、どちらにも属さない非同盟主義を掲げ、1955 年に（　　　　）が開催され、平和十原則を採択した。

① 第 1 回アジア・アフリカ会議
② 非同盟諸国首脳会議
③ 大東亜会議

問 2　中国国内では、第二次世界大戦後に共産党の毛沢東が支持を集め、（　　　　）が建国された。

① 中華民国　② 中華人民共和国　③ 満州国

問 3　1958 年、毛沢東は（　　　　）を指示し、中国の革命を進めたが、これの失敗により劉少奇が権力を握った。

① 文化大革命　② チュチェ思想　③ 大躍進

問 4　劉少奇の政策を資本主義の復活と批判した毛沢東は（　　　　）を開始し、圧政を行った。

① 文化大革命　② チュチェ思想　③ 大躍進

問 5　1989 年の中国において、民主化を求めて集まった学生や市民を政府が武力で弾圧した事件を（　　　　）と呼ぶ。

① 血の日曜日事件　② 西安事件　③ 天安門事件

問 6　朝鮮戦争後の韓国では 1965 年に（　　　　）が結ばれ、日本との国交を回復した。

① 日韓協約　② 日韓基本条約　③ 日朝修好条規

解　答

問1：①　問2：②　問3：③　問4：①　問5：③　問6：②

問７　ベトナムがフランスからの独立をめざしたことで（　　　　）がおこったが、1954 年のジュネーブ休戦協定で独立を承認された。

①　中越戦争　　②　インドシナ戦争　　③　ベトナム戦争

問８　カンボジアでは独立後、中国の支援を受けた（　　　　）が極端な社会主義政策を行い、反対派の強制移住や大虐殺を行った。

①　ポル＝ポト　　②　ネルー　　③　スカルノ

問９　1945 年にインドネシアは独立を宣言し、（　　　　）が初代大統領となった。

①　ポル＝ポト　　②　ネルー　　③　スカルノ

問 10　第二次世界大戦後、インド帝国はインド連邦とパキスタンに分かれて独立し、（　　　　）はインド連邦の初代大統領となった。

①　ポル＝ポト　　②　ネルー　　③　スカルノ

問７：②　問８：①　問９：③　問10：②

（　）問中（　）問正解

■ 次の問いを読み、問１～問５に答えよ。

問１　ベトナム戦争に関して、アメリカ合衆国がベトナムに軍事介入した理由と、アメリカ合衆国が支援した国との組合せとして正しいものを次の①～④のうちから一つ選べ。〈高認 H. 30-2 世・改〉

	軍事介入した理由	支援した国
①	共産主義が広まることを恐れたため	パルティア（安息）
②	共産主義が広まることを恐れたため	ベトナム共和国
③	大量破壊兵器を保持していると考えたから	パルティア（安息）
④	大量破壊兵器を保持していると考えたから	ベトナム共和国

問２　東南アジアのベトナム戦争後のようすについて述べた文として適切なものを、次の①～④のうちから一つ選べ。〈高認 H. 30-2 世・改〉

① ベトナムで、ドンズー（東遊）運動が始まった。
② 東ティモールが、インドネシアから独立した。
③ フランス領インドシナ連邦が成立した。
④ カンボジアで、アンコール＝ワットが造営された。

問３　1970 年代の世界の出来事について述べた文として適切なものを、次の①～④のうちから一つ選べ。〈高認 H. 30-1 世・改〉

① クレルモン宗教会議が開かれた。
② ベンガル分割令が出された。
③ 安史の乱がおこった。
④ ベトナム社会主義共和国が成立した。

問4　1950年代の第三勢力（第三世界）のようすについて述べた文として適切なものを、次の①～④のうちからひとつ選べ。〈高認 H. 29-2 世・改〉

① ネルーと周恩来が、平和五原則を発表した。
② 北米自由貿易協定（NAFTA）が結成された。
③ 洪武帝が、里甲制をしいた。
④ オスマン帝国が、ウィーンを包囲した。

問5　インドネシアの20世紀のようすについて述べた文として適切なものを、次の①～④のうちからひとつ選べ。〈高認 R. 2-2 世・改〉

① ダライ＝ラマ14世がインドへ亡命した。
② 鄭和の遠征隊が訪れた。
③ ポル＝ポトによる独裁政権が成立した。
④ スカルノが、大統領に就任した。

解答・解説

問 1：②

アメリカ合衆国がベトナム戦争に介入した理由は、ソ連や中国の協力のもと、1950年にベトナム民主共和国（北ベトナム）が誕生するなど、共産主義が広がっていたことに対抗するためでした。大量破壊兵器を保持しているとして、アメリカが攻撃を開始したのは 2003 年のイラク戦争です。また、ベトナム戦争の際、アメリカはベトナム共和国（南ベトナム）を支援しました。パルティア（安息）は古代ペルシアに存在していた王朝です。また、パルティア（安息）は、ササン朝ペルシアを建国したアルダシール 1 世によって滅ぼされます。したがって、正解は②となります。

問 2：②

①について、ドンズー（東遊）運動が始まったのは 19 世紀末なので、不適切です。この運動は、日露戦争によって列強の一国であるロシアを倒した日本への留学を促し、その学びを経てフランスからの独立を果たそうとするものでした。②について、東ティモールがインドネシアから独立したのは 2002 年のことなので、適切です。③について、フランス領インドシナ連邦が成立したのは 1887 年のことなので、不適切です。この地域は、1946 年に始まった第一次インドシナ戦争でフランスからの独立を図りました。1954 年にディエンビエンフーの戦いでフランス軍を破って勝利し、ジュネーブ協定を結び、インドシナ連邦は解体されました。④について、カンボジアでアンコール＝ワットが造営されたのは 12 世紀前半のことなので、不適切です。アンコール＝ワットはヒンドゥー教の寺院として、スーリヤヴァルマン 2 世によって建立されました。したがって、正解は②となります。

問 3：④

①について、クレルモン宗教会議が開かれたのは 1095 年のことなので、不適切です。この宗教会議は、当時の教皇ウルバヌス 2 世によって開かれ、十字軍のきっかけとなりました。②について、ベンガル分割令が出されたのは 1905 年のことなので、不適切です。この法令はインド総督のカーゾンによって出されたもので、これを受けて、翌年にインド国民会議が開かれました。③について、安史の乱が起こったのは 755 年のことなので、不適切です。この反乱は鎮められますが、唐は大きく弱体化していきます。④について、ベトナム社会主義共和国が成立したのは 1976 年のことなので、適切です。この国は、ベトナム戦争において北ベトナムが、アメリカが支援する南ベトナムに勝ったことによって成立しました。したがって、正解は④となります。

問４：①

①について、ネルーと周恩来が平和五原則を発表したのは 1954 年のことで、第三世界の連帯を目指して行われました。この平和五原則は、後のアジア・アフリカ会議にて平和十原則へと発展します。②について、北米自由貿易協定 (NAFTA) が結成されたのは 1992 年のことで、アメリカ合衆国・カナダ・メキシコによって結ばれました。③について、洪武帝が里甲制をしいたのは 14 世紀の明の時代のことです。また、里甲制とは農村における自治的制度で、納税や労役の管理をグループごとに行わせるものです。④について、オスマン帝国がウィーンを包囲したのは 1529 年と 1683 年の二度で、第一次ウィーン包囲はスレイマン 1 世の時代に、第二次ウィーン包囲はメフメト 4 世の時代にそれぞれ行われました。したがって、正解は①となります。

問５：④

①について、ダライ＝ラマ 14 世は中国への併合を承認する条約に調印し、これに反発したチベット人が中国軍と衝突しチベット反乱となったことで周囲に亡命を勧められ、1959 年にインドに亡命しました。②について、鄭和が南海遠征を行ったのは明の永楽帝の時代で 15 世紀前半のことです。③について、ポル＝ポトは 20 世紀のカンボジアの政治家でロン＝ノル政権を倒し、シハヌーク王を軟禁して独裁を行いました。④について、スカルノは 20 世紀のインドネシアの大統領で、オランダからの独立運動を進めた人物です。したがって、正解は④となります。

5. 戦後の西アジア・アフリカ史

この単元では、戦後の西アジア・アフリカについて学習していきます。アジアと同じく戦後に独立を果たしましたが、今でも情勢が不安定な国が多くあります。現代の民族・社会問題にもつながっているため、中東戦争についてはとくに重点的に学習していきましょう。

戦後の西アジア

第二次世界大戦後、すでに独立していたアラブの7か国はアラブ連合を結成し、未だ独立していないアラブ諸国の独立を促しました。

パレスチナ問題

第一次世界大戦後、パレスチナはイギリスの委任統治下にありました。第二次世界大戦後は、パレスチナに居住していたアラブ人が独立国家の建設をめざしていましたが、同じくパレスチナの地に国家建設をめざしたユダヤ人との間に紛争がおこりました。

ユダヤ人によってパレスチナから追い出されたパレスチナ難民が1964年に**パレスチナ解放機構（PLO）**を設立し、パレスチナ回復をめざしてイスラエルに対するゲリラ活動を行ったことをきっかけに、1967年に**第3次中東戦争**が発生しました。

ユダヤ人は紀元1世紀頃にユダヤ人の王国を滅ぼされてから、世界各地に分散して暮らしていました。第一次世界大戦の頃、自らの国家を建設しようというシオニズム運動がおこります。イギリスの後押しもあり（p.127参照）、第一次世界大戦後からユダヤ人は徐々にパレスチナに移住を進めていました。

参考　パレスチナ問題

1947年：国連がパレスチナ分割案を決議。アラブ側の地域を分割することをパレスチナ住民の同意なしに決定

1948年：ユダヤ人がイスラエル建国を宣言 ➡ 第1次中東戦争（イスラエル vs アラブ諸国）
イスラエルが勝利し、領土拡大

1964年：パレスチナ難民がパレスチナ解放機構（PLO）を設立

1967年：第3次中東戦争 ➡ イスラエルが勝利。さらに多くのパレスチナ難民を生む

1991年、中東平和会議が開かれ、1993年に**パレスチナ暫定自治協定（オスロ合意）**が結ばれました。その後、パレスチナではガザ・イェリコ両地区で自治が開始されましたが、パレスチナ問題の解決と和平へのあゆみは進まず、2001年にイスラエルが占領地に再度侵攻し、2002年に分離壁を建設や空爆や軍事侵攻を行っています。

エジプト

1973年にエジプトの**サダト**大統領がイスラエルに反撃したことで、1973年に**第4次中東戦争**がおこりました。このとき、アラブ石油輸出国機構はイスラエルに味方する欧米や日本に対して石油の輸出を禁止する石油戦略をとったことで世界的な**石油危機**が発生しました。1979年のエジプト＝イスラエル平和条約でエジプトとイスラエルは和解しました。

サダト大統領暗殺後は、**ムバラク**が大統領に就任して政策を受け継ぎ強権政治を行いましたが、2011年の「**アラブの春**」と呼ばれる民主化運動の中で退陣しました。

イラン

イランでは国王パフレヴィー2世が急激な近代化政策を進めたことにより、経済格差が拡大していました。1979年に**ホメイニ**を指導者とした**イラン＝イスラーム革命**が発生すると、国王パフレヴィー2世は亡命し、イラン＝イスラーム共和国が成立しました。革命期の混乱の影響で石油産出量が激減したことから、世界では**第二次石油危機**がおきました。

1980年、イラクとの間で油田地域の国境問題の対立がおこったことで、サダム＝フセイン政権下のイラクの侵攻を受け、1980年に**イラン＝イラク戦争**が発生しました。この戦争はアメリカ・ソ連の介入もあり長期化し、1988年に明確な勝敗がつかないまま終結しました。

イラク

イラクのフセイン大統領はイラン＝イラク戦争で疲弊したイラクの復興をめざし、石油資源獲得を目的に1990年にクウェートに軍事侵攻して**湾岸戦争**をおこしました。これに対して、アメリカを中心とした多国籍軍が結成され、圧倒的な戦力差によって短期間で湾岸戦争は終結しました。

湾岸戦争時に日本は経済的支援のみ行ったことを批判され、平和維持活動（PKO）協力法を制定しました。これ以降、自衛隊の海外派遣が可能になり、さまざまな国で難民救済や自然災害の救援活動を行っています。

関連用語

◉ 中東戦争 ……《第１次》国連によるパレスチナ分割案に基づいてパレスチナが建国されたが、それを認めないアラブ諸国との間に生まれた対立。パレスチナ戦争ともいう

《第２次》エジプトがスエズ運河国有化を宣言したことに対しイスラエル・イギリス・フランスが出兵した。スエズ戦争ともいう

《第３次》エジプトがシナイ半島のティラン海峡を封鎖したことに対し反発したイスラエルが侵攻した

《第４次》エジプトとシリアが第三次中東戦争での失地回復を目的としてイスラエルを攻撃。第一次石油危機を引き起こした

◉ 難民 …… 政治的あるいは宗教的な迫害や戦争によって住んでいた場所を離れることになってしまった人。難民と認定された人は保護を与えることとなっている

参考 第二次世界大戦後の地域紛争

◉ 北アイルランド紛争 …… イギリスからの独立をめざすカトリック系住民と自治権を求めようとするプロテスタント系住民の対立。1998 年に和平が成立し、自治政府が成立した（1969 ～ 1998 年）

◉ ルワンダ内戦 …… ツチ族を中心としたルワンダ愛国戦線とフツ族を中心としたルワンダ政府の内戦。フツ人の民兵による虐殺が行われた。2000 年以降はルワンダ愛国戦線側から大統領が選ばれている（1990 ～ 1994 年）

◉ ユーゴスラヴィア内戦 …… ティトーの死と冷戦終結をきっかけに、ユーゴスラヴィア連邦の維持を求める勢力とそこからの独立を求めた国々の間におきた内戦（1991 ～ 1995 年）

◉ ソマリア内戦 …… 無政府状態となったソマリアで、多数のグループが乱立し武力闘争が発生した。国連 PKO が派遣されるも治安回復は叶わず、暫定政府が樹立されたが不安定な状況が続いている（1991 年～）

◉ チェチェン紛争 …… チェチェン共和国のロシアからの独立をめぐる紛争。ロシア政府が独立派を制圧して終了した（1994 ～ 1996 年、1999 ～ 2009 年）

◉ シリア内戦 …… 反政府デモに対し政府軍が武力で弾圧したことで泥沼化した。イスラーム国、アメリカ、ロシアなどが介入したことで長期化・複雑化している（2011 年～）

アフリカ諸国の独立

第二次世界大戦後、それまで植民地支配されていた国々が脱植民地化をめざしていきました。「アフリカの年」とも呼ばれる1960年をはじめ、戦後には植民地支配されていたアフリカの国々の多くが独立しました。しかし、旧宗主国との対立や冷戦の対立構造の中で紛争が発生し、現代でも不安定な状況が続いています。

参 考　アフリカの主な出来事

◉ ナイジェリア …… 1963年に南東部のイボ族がビアフラ共和国として独立を宣言したことからナイジェリア内戦がおこった。内戦はイギリスとフランスの支援を受けたナイジェリア政府軍が制圧して終結した

◉ コンゴ …… ベルギーから独立したが、資源の豊かなカンタガ州をめぐってコンゴ動乱が発生。首相のルムンバがソ連に支援を求めたことでコンゴが共産主義国となることを恐れたアメリカが介入するなど、戦いが広がった

◉ アルジェリア …… フランスからの独立をめぐって戦争がおこり、７年にわたる戦争ののちに、アルジェリアは1962年にフランスから独立を認められた

◉ 1963年にアフリカ統一機構（OAU）が成立

◉ 南アフリカ共和国 …… 戦前から南アフリカで続いていた人種隔離政策アパルトヘイトが次第に撤廃され、1994年にマンデラが黒人初の大統領に就任

◉ ソマリアとルワンダ …… 内戦によって不安定な情勢が続いているが、2002年にOAUの後継組織アフリカ連合（AU）が成立し、紛争の解決をめざしている

◉ スーダンから南スーダンが分離独立する

【現代のアフリカの地図】

Step ｜基礎問題

（　　）問中（　　）問正解

■ 各問の空欄に当てはまる語句をそれぞれ①～③のうちから一つずつ選びなさい。

問1　パレスチナ問題とはパレスチナをめぐる（　　　　）の間の民族紛争である。
① ユダヤ人とアラブ人
② 黒人とアングロサクソン
③ アラブ人とヒスパニック

問2　パレスチナ回復をめざすパレスチナ難民によって、1964年に設立された組織を（　　　　）と呼ぶ。
① アルカイダ　② アラブ諸国連盟　③ パレスチナ解放機構

問3　1967年、イスラエルが奇襲を仕掛けてシナイ半島やゴラン高原を占領した戦争を（　　　　）と呼ぶ。
① 第3次中東戦争　② 第4次中東戦争　③ 湾岸戦争

問4　1979年、和解に転じたエジプトとイスラエルの間で結ばれた（　　　　）により、パレスチナに暫定的自治権が与えられた。
① エジプト＝イスラエル平和条約
② カイロ宣言
③ パレスティナ暫定自治協定

問5　1973年にエジプトの（　　　　）大統領がイスラエルに反撃したことで第4次中東戦争がおこった。
① サダト　② フセイン　③ ホメイニ

問6　1979年、（　　　　）はイラン＝イスラーム革命をおこし、イラン＝イスラーム共和国が成立した。
① サダト　② フセイン　③ ホメイニ

問1：①　問2：③　問3：①　問4：③　問5：①　問6：③

問7　1990年の湾岸戦争をきっかけに、日本では1992年に（　　　　）が成立した。

① 平和維持活動（PKO）協力法

② テロ対策特別措置法

③ 治安維持法

問8　1960年は、アフリカで17か国が独立を果たしたことから（　　　　）と呼ばれる。

① アラブの春　② アフリカの年　③ プラハの春

問9　南アフリカ共和国では人種隔離政策アパルトヘイトが撤廃され、1994年に黒人初の大統領（　　　　）が就任した。

① マンデラ　② キング牧師　③ ボリバル

問10　ヨーロッパのEUにならって、2002年にアフリカで結成された地域統合組織を（　　　　）という。

① NAFTA　② ASEAN　③ AU

解　答

問7：①　問8：②　問9：①　問10：③

(　　)問中(　　)問正解

■ 次の問いを読み、問1～問5に答えよ。

問1　以下の文章を読み、A B に当てはまる語句の組合せとして正しいものを、次の①～④のうちから一つ選べ。〈高認 H. 30-1 世・改〉

> A 戦争が長引き始めたのにつれて、B への武器補給を再開した米国とアラブ諸国とは、アラブの対米石油禁輸を意識しながら緊迫した対立関係に入った。ニューヨーク・タイムス紙（16日付）が特ダネとして伝えたところによると、サウジアラビアのヤマニ石油相はこのほど西側国際石油資本に対し、米国が公然と B への武器補給を開始した場合には、今後1カ月間原油の生産を5～10%削減すると警告したという。…

	A	B
①	中東	イスラエル
②	中東	エチオピア
③	ペルシア	イスラエル
④	ペルシア	エチオピア

問2　1970年代のエジプトについて述べた文として**不適切なもの**を、次の①～④のうちから一つ選べ。

① アラブ石油輸出国機構の石油戦略によって石油危機が発生した。
② サダト大統領がイスラエルに反撃したことから第4次中東戦争がおこった。
③「アラブの春」と呼ばれる民主化運動が発生した。
④ アパルトヘイトが次第に撤廃され、1994年に黒人初の大統領が就任した。

問3　第二次世界大戦後のイラン・イラクについて述べた文として**不適切なもの**を、次の①～④のうちから一つ選べ。

① 経済格差が拡大し、ホメイニを指導者とした革命がおきた。
② サダム＝フセイン政権下のイラクの侵攻を受けた。
③ 中距離核戦力全廃条約が締結された。
④ 石油資源獲得のためにクウェートに軍事して湾岸戦争をおこした。

問4　国連安全保障理事会決議242号は、イスラエルに対して、第3次中東戦争で占領した地域からの撤退を求めたものである。このときの占領地域をあらわしている地図と、資料の内容との組合せとして正しいものを、下の①～④のうちから一つ選べ。〈高認H. 30-2世・改〉

資料

イスラエル政府と、パレスチナ人民を代表するPLOチームは、数十年の対決と闘争に終止符を打ち、お互いの正当な政治的権利を認め合うときがきたことに同意する。そして、平和のうちに共存し、お互いを尊重し、安全を保障し、…以下の諸原則に同意する。

現在の中東和平プロセスにおけるイスラエル＝パレスチナ交渉の目的は、(ヨルダン川) 西岸地区とガザ地区におけるパレスチナ暫定自治政府、すなわち選挙された評議会を設置することである。この暫定期間は、5年をこえないこととし、国連安全保障理事会決議242号と338号に基づく恒久的な取り決めに導くものである。…

地図あ

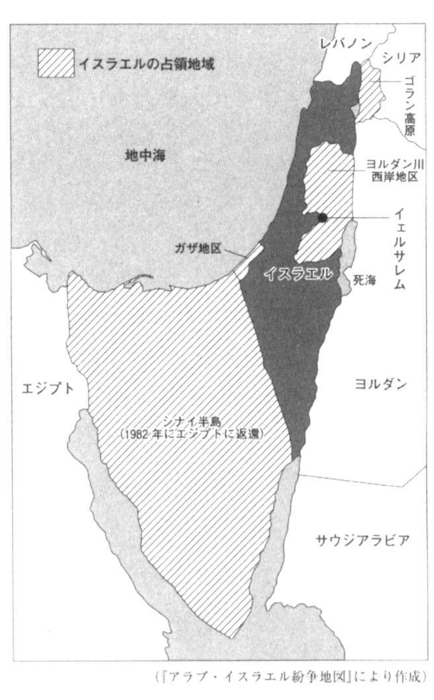

(『アラブ・イスラエル紛争地図』により作成)

地図い

	地図	資料の内容
①	あ	イギリスの委任統治が終了した。
②	あ	イスラエル政府とPLOが相互に承認しあった。
③	い	イギリスの委任統治が終了した。
④	い	イスラエル政府とPLOが相互に承認しあった。

問 5　以下の法律が成立する背景となった国際紛争として正しいものを、次の①～④のうちから一つ選べ。〈高認 H. 28-2 日・改〉

第 1 条　この法律は、国際連合平和維持活動及び人道的な国際救援活動に対し適切かつ迅速な協力を行うため、……我が国が国際連合が中心とした国際平和のために努力に積極的に寄与することを目的とする。

① イラク戦争　② 第 4 次中東戦争　③ 湾岸戦争　④ ベトナム戦争

解答・解説

問1：①

1973 年に起こった戦争は、中東戦争です。資料 2 が石油の取引について書かれていることからも導き出せます。よって、空欄 A には中東が入ります。一方、ペルシア戦争は、古代ギリシアで起こった、アケメネス朝ペルシアとアテナイ、スパルタとの間の戦争です。次に、中東戦争はユダヤ系国家のイスラエルと、アラブ系国家の国々が衝突した戦争なので、空欄 B にはイスラエルが入ります。資料 2 にあるように、イスラエルはアメリカやイギリスなどから支援を受けていました。一方、エチオピアは中東戦争とは関係していませんが、第二次世界大戦前の時期にイタリアの植民地になったことをおさらいしておきましょう。したがって、正解は①です。

問2　④

不適切な文を選ぶ問題であることに注意しましょう。①②③は 1970 年代のエジプトについて述べた文として適切です。④について、アパルトヘイトと呼ばれる人種隔離政策が行われていたのは南アフリカです。したがって、正解は④です。

問3③

不適切な文を選ぶ問題であることに注意しましょう。①②④は第二次世界大戦後のイラン・イラクについて述べた文として適切です。③について、中距離核戦力全廃条約は 1987 年にアメリカとソ連の間で締結されたものです。したがって、正解は③です。

問4：④

資料の第 1 条の条文中に、「…（ヨルダン川）西岸地区とガザ地区におけるパレスチナ暫定自治政府、すなわち選挙された評議会を設置することである。」とあり、占領地域からの撤退を求める、国連安全保障理事会決議 242 号の内容も含まれていることから、イスラエルがヨルダン川西岸地区やガザ地区を占領していたことが読み取れるので、正しい地図はいとなります。また、資料の 2 行目に「…お互いの正当な政治的権利を認め合うときがきたことに同意する。」とあることから、イスラエル政府と PLO の相互の承認に基づいたものであったと考えられます。したがって、正解は④です。

問5：③

提示されている法律はＰＫＯ協力法です。湾岸戦争時、自衛隊は戦地で活動することができず、国連軍に予算を出すことで世界平和に貢献していましたが、諸外国から軍事力の提供を求められたためＰＫＯ協力法を制定し後方支援を行えるようにしました。したがって、正解は③です。

6. おわりに：歴史と現代のつながり

この項目では、現代史のなかでも現代に最も近い歴史的事項を紹介しています。頻出事項ではありませんが、現代につながる知識として、目を通しておきましょう。

参 考 グローバルな世界へ

現代の世界は、交通機関やインターネットの発達、国際機関の設立を背景に、国境を超えた結びつきが強くなっている。地理的距離が近い国々は経済的な結びつきを強め、ヨーロッパではEU、北アメリカではUSMCAなどの地域協力が進展した。一方で、リーマン＝ショックやコロナウイルスの蔓延（まんえん）など、経済的つながりや人やモノの移動が世界規模で影響を与える世界となっている

参 考 世界の諸課題

地球の温度が上昇する地球温暖化は、海水の上昇や世界でおこる異常気象など、さまざまな影響を与えている。また、世界には貧困や差別に苦しむ人々もおり、世界規模での対策が急がれている。2015年に国連総会にて採択された「持続可能な開発目標（SDGs）」では、目標7「エネルギーをみんなに　そしてクリーンに」や目標10「人や国の不平等をなくそう」などをはじめとする、2030年までに達成すべき17の目標が掲げられた

参 考 争いをなくす取り組み

大規模な殺傷能力をもつ核兵器の根絶に向けて、核兵器禁止条約が2021年に発効した。その一方で世界の国々のなかには、民族や宗教の違いなどによる紛争により多くの難民が生まれている。国連難民高等弁務官事務所（UNHCR）による保護をはじめとして、各国での積極的な難民保護や受け入れが求められている

ここまでの歴史の学習、お疲れさまでした！　歴史の勉強は繰り返し学ぶことで、時代や出来事の整理ができ、深い知識へとつながっていきます。あらためて、初めのページを開いてみると、きっと新たな発見があるはずです。本書を存分に活用して、ぜひ高卒認定試験の「歴史」の合格を勝ち取ってください！

高卒認定ワークブック　新課程対応版
歴史

2024 年　2 月　6 日　初版　　第 1 刷発行
2024 年　3 月 22 日　　　　　第 2 刷発行

編　集：J-出版編集部
制　作：J-出版編集部
発　行：J-出版
〒 112-0002 東京都文京区小石川 2-3-4 第一川田ビル TEL 03-5800-0552
J-出版.Net　http://www.j-publish.net/

この本についてのご質問・ご要望は次のところへお願いいたします。
＊企画・編集内容に関することは、J-出版編集部（03-5800-0522）
＊在庫・不良品（乱丁・落丁等）に関することは、J-出版（03-5800-0552）
＊定価はカバーに記載してあります。

ISBN978-4-909326-81-2　C7300　Printed in Japan